# Please Send Me
# A Signal Of Love

KB129226

# mellow

## 07. Signal

# 사랑의 시그널을 보내주세요

# GREETING

"당신은 정말 아름답다"는 남자의 말에 여자는 "당신이 여기 있어서 너무 좋다"고 답한다. 그다지 특별할 것 없는 이 대화가 반짝일 수 있는 것은 그들의 '언어' 덕분이다. 여자는 포르투갈어, 남자는 파키스탄어로 말하지만 이야기는 아주 자연스럽게 이어진다. 둘은 서로의 언어를 전혀 모르는데 말이다.

밀란 쿤데라의 소설 『무의미의 축제』 속 이 장면이 mellow vol.7 준비를 하며 자주 오버랩 됐다. 직접적인 의사소통이 매우 어려운 반려인과 반려동물, 혹은 반려동물과 또 다른 반려동물의 교감과 소통이 그것과 매우 닮았기 때문이리라. 어쩌면 언어의 장벽에 도전하는 이들을 향한 일종의 경의(敬意)였을지도 모르겠다.

눈빛과 표정, 꼬리를 포함한 각종 몸짓 언어, 수염, 하울링과 골골송… 이번 호에 실린 시그널들은 분명 어렵고 복잡하고 애매모호하다. 말이나 글과 달리 사랑과 이해, 시간이 담보되어야 하는 것들이기에 그렇다. '어차피 못 알아들으니까…' 단념하고 포기했다면 절대 감지할 수 없는 신호. 그 귀중한 시그널들을 이제 여러분들의 주파수로 전송하려 한다.

멜로우 편집부

# THE ONLY DAUGHTER'S SECRET BROTHERS

나는 여덟짤 지인이에요. 특기는 동생들 목소리 따라하기예요. 그걸 '성대모사'라고 한다고 엄마가 알려줬어요. 한 살 어린 동생과 여섯 살 어린 막내를 흉내내면서 배운 건데, 엄마랑 아빠 말로는 정말 비슷하게 잘한대요! 거기 계신 삼춘이랑 이모도 들어볼래요?

글·사진 정고운 @umber_un | 에디터 박재림

Signal Of Love

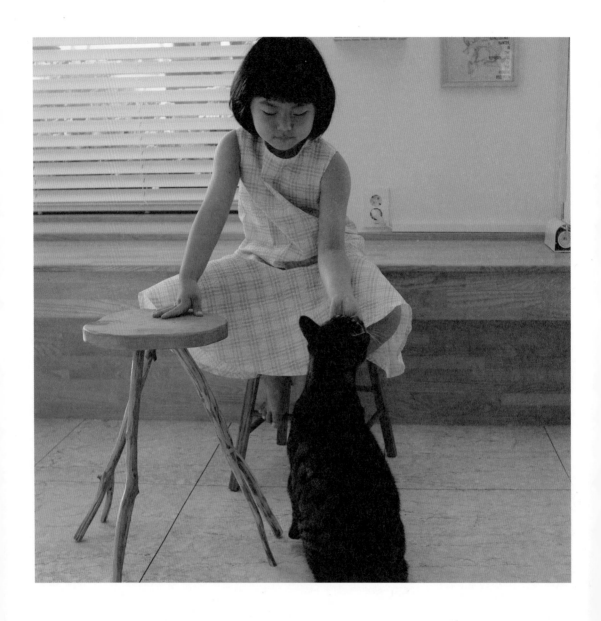

## 나도 있어 동생, 그것도 둘이나

"냐아오오옹~"

……?

앗, 어서 오세요. 저희 지인이 성대모사에 놀라셨죠? 지인이가 우리집 두 고양이를 동생이라고 부르거든요(웃음). 정식으로 인사드릴게요. 지인이네 놀러 오신 걸 환영합니다! 저희는 경북 경주의 작은 시골마을에서 살고 있는 가족입니다. 저는 지인이 엄마이자 동갑내기 남편의 아내, 그리고 고양이 '떼루'와 '아코'의 집사랍니다. 자유로운 시골에서 기쁨도, 슬픔도 고스란히 받아들이며 지금 이 순간 현재를 살아가고 있어요.

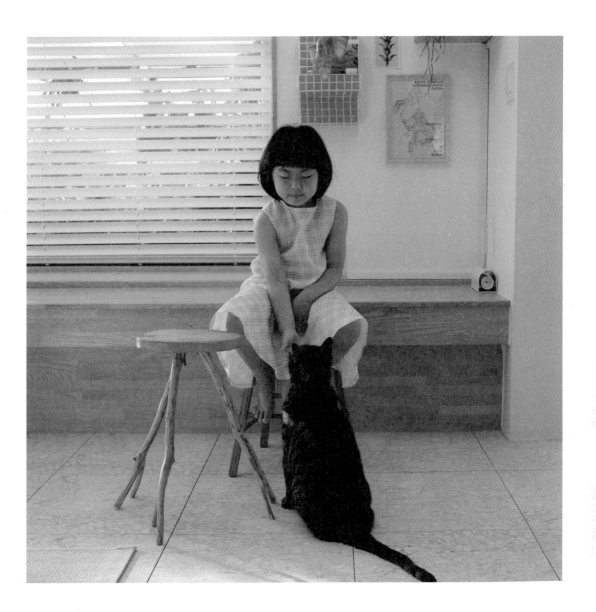

**자연 속 목조주택이 인상적이에요. 7년 전, 직접 설계한 이 집으로 이사를 오셨다면서요. 귀촌을 결심한 특별한 이유가 있었나요?**

저의 어릴 적 경험이 큰 영향을 끼친 것 같아요. 아주 한적한 시골마을에서 자랐거든요. 논두렁을 뛰어다니고, 돌미나리를 캐고, 미꾸라지를 잡고, 밭에서 당근을 뽑아 먹고… 또래 친구들은 겪지 못한 환경이었죠. 유년의 추억이 지금도 생생히 떠올라요, 아주 행복하게 말이죠. 제 삶에서 그 시절이 아주 긍정적인 에너지로 작용 중이라고 생각해요. 그래서 남편과도, 아이와도 자연 속에서 삶을 공유하고 싶었어요. 지인이가 매우 어릴 때 기회가 생겼고, 이곳으로

올 수 있었어요. 잘 선택한 것 같아요. 주위를 신경 쓰기보다 우리 자신을 먼저 생각하며 몸도 마음도 튼튼하게 살고 있어요. 여러 동식물과도 가까워졌고요.

**이사 오고 얼마 지나지 않아서 새 가족을 맞이하셨다면서요?**

친동생이 외국을 가게 되면서 자기 고양이를 몇 개월 맡아 달라고 했어요. 1살 갈색 벵갈고양이였죠. 처음엔 많이 놀랐어요. 고양이 몸집이 그렇게나 큰 줄 몰랐고, 생긴 것도 맹수 같다고 할까… 게다가 낯선 장소에 떨어진 고양이가 예민한 반응을 보이니까 겁이 나더군요.

그런데 그 녀석이 적응을 하니까 순하디 순하고 사랑스러운 모습을 보여주더라고요. '반전 매력'이랄까? 지인이와 고양이도 서로에게 관심을 보였어요(두 손을 바닥에 짚고 앉은 아기와 네 발의 고양이가 비슷한 자세로 눈을 맞추더라고요). 그렇게 잠시만 맡기로 한 고양이와 6년째 함께하고 있네요. 눈치채셨겠지만 그 고양이는 바로 떼루랍니다. 떼루를 돌보면서 고양이가 이토록 매력적인 동물이라는 걸 알게 되었지요.

**고양이를 잠시 돌보는 것과 입양은 다른 차원이잖아요. 2살 아기를 키우는 입장에서 고양이 입양이 결코 쉬운 결정은 아니었을 것 같아요.**
이전부터 반려동물과 함께하면 좋지 않을까 고민을 하고 있었어요. 그러다 떼루를 만나 매력에 푹 빠진 거죠. 일단 떼루가 워낙 순한 고양이라서 걱정은 크지 않았어요. 떼루가 꼬리를 살랑살랑 흔드는 걸 보고 지인이가 꼬리를 앙! 하고 물어버린 적이 있어요. 떼루가 소스라치게 놀라서 엄청 울었는데도 지인이를 계속 좋아해주더라고요. 또 언젠

10

가부터 지인 옆에 꼭옥 붙어서 자는 떼루를 보게 되었죠. 저는 복받은 집사라고 생각해요.

지인이가 조금 자란 뒤에 있었던 일인데요. 지인이 품에 안겨 있던 떼루가 자세가 불편했는지 품에서 빠져나오다 발톱으로 지인을 할퀴고 말았어요. 그때 지인이가 울면서도 "나 괜찮아, 떼루 혼내지 마"라고 하더라고요. 지인이 떼루를 정말 동생으로 여기는구나, 생각한 순간이었죠.

우리 가족 중 유일하게 저만 고양이털 알레르기가 있지만 매일 아침 청진기 청소포로 집안을 훑으면 문제없어요. 코끝이 간질간질해지기 전에 청소를 자주 하는 편이예요.

**6년이라는 시간 동안 지인과 떼루가 각자의 언어로 많은 이야기를 나눴을 것 같아요.**

지인이 두 발로 걸을 수 있게 된 이후로도 한동안 떼루를 따라서 네 발로 기어 다니곤 했어요. 친구인 떼루와 친해지고 싶어서 그랬던 게 아닐까 싶어요. 지인이 떼루를 정말 귀여워하는구나, 라는 걸 자주 느꼈답니다. 떼루 곁에서 웃는 지인을 보면서 '그래, 마음을 준다는 건 기쁜 일이야'라는 생각도 했어요. 떼루 덕분에 사랑이 많은 아이로 자라는 것 같아요.

지인이 있는 곳엔 언제나 떼루가 함께해요. 지금 이 순간도 둘은 서로의 옆자리에 있죠. 가끔 '현실 남매'의 모습을 보여주기도 해요. 제 품에 안긴 떼루를 지인이 질투할 때도 있고, 지인이 그림을 그리려고 도화지를 꺼내면 그 위에 떡 하니 자리를 잡고 비켜주지 않는 떼루 - 다른 집사님들도 이런 경험 많으시죠? 하하 - 와 실랑이를 벌일 때도 있어

요. 떼루가 말썽쟁이 동생처럼 자주 그림 그리는 걸 방해하니까 지인이도 방법을 찾아내더라고요. 언젠가부터 도화지 위에 앉은 떼루를 살짝 들어서 다른 곳에 옮겨 두고 그림을 그리는 거예요. 그 모습이 얼마나 귀엽던지….
지인은 어릴 때부터 그림 그리는 걸 좋아했어요. 주인공은 떼루일 때가 많아요. 심지어 엄마보다도 떼루를 더 자주 그리는 것 같아요(웃음). 그림이 완성되면 그 위에 '떼루'라고 이름을 적어요. 지인이는 고양이의 생김새와 포즈를 누구보다 가까이서 관찰하는 아이예요. 그런 지인의 떼루 그림을 보는 건 참 행복한 일이랍니다. 지인의 눈으로 바라보고 그린 사랑스러운 떼루를 차곡차곡 모아두고 있어요.

**푸른 눈의 흰 고양이 아코는 언제, 어떻게 가족으로 맞이하셨나요?**

떼루를 반려한 뒤로는 저희집 마당에서 지내는 길고양이도 챙기게 되더라고요. 2021년 12월 길고양이 어미가 새끼들을 낳았어요. 그런데 어미를 따라가지 못하는 새끼가 있어서 집으로 데려왔죠. 파란 눈을 껌벅껌벅하며 저를 쳐다보는데 '심쿵'했답니다. 함께 살기로 하고 이름을 지어줬어요. 지인이는 "올해 크리스마스 선물은 아코"라며 기뻐했죠.
떼루에게 그러는 것처럼 아코도 잘 보살피는 지인이예요. 아코가 자주 잠드는 곳이 있는데 지인이가 그 안에 인형을 넣어주곤 해요. 아코도 저보다 지인을 더 따라요. 잘 때도 지인 옆에서 자는 경우가 많죠. 자기를 사랑하는 지인을 알아보는 것 같아요! 그런데 떼루에게는 아코가 조금 버거운 동생인 듯 해요. 장난기 많은 아코가 떼루에게 자주 장난을 치거든요.

**지인은 외동딸인데, 남동생들 있는 큰누나처럼 자라는 것 같아요.**
며칠 전 지인이가 "엄마, 아이는 많을수록 행복이 늘어나는 거야"라는 얘기를
해서 저를 깜짝 놀라게 했어요. "왜 그렇게 생각해?"라고 물었더니 "떼루만 있
을 때도 행복했는데 아코까지 있으니 더 더 행복해"라고 대답하더라구요. 사
람 동생이 없는 지인이라 엄마로서 늘 미안한 마음이 있는데, 사랑스러운 지
인과 떼루와 아코의 모습에 안도할 수 있는 것 같아요.

**지인이가 누나처럼 떼루와 아코를 보살피면서 고양이를 이해하는 법을 깨우
친 듯 보여요.**
언젠가부터 지인이는 고양이의 언어에 관심을 가지고 고양이 관련 책은 모
두 찾아보고 있어요. 요즘에는 나중에 커서 수의사가 되겠다고 하네요. 저한
테 고양이에 관해서 알려준 것도 많아요. 발라당 누워서 누군가를 쳐다보면
그건 놀아 달라는 거고, 다가와서 부비부비하는 건 '안녕' 인사를 하는 거라고
요. 또 털을 바짝 세우면 화가 난 거고, 꼬리를 바짝 세운 건 '나 엄청 세!'라고
말하는 거래요. 하악하악 거리는 건 '저리가, 나 화났어'라는 뜻이고 귀를 뒤
로 젖힐 땐 귀찮은 거고, 갸르릉 하는 건 기분이 너무 좋은 거라네요. 이렇게
많은 걸 알고 있다는 게 참 신기해요

**지인이의 '동생 성대모사'가 탄생한 배경이 거기 있었군요(웃음).**
떼루와 아코의 울음소리, 화났을 때 '하악질' 같은 것을 지인이가 자주 따라해
요. 너무 비슷해서 저도 가끔 놀랄 정도랍니다. 아코는 도망을 칠 정도예요!
딸 하나, 고양이 둘을 키우는 게 아니라 고양이 셋을 키우는 것 같아요(웃음).

**마지막 질문은 지인이가 대답해줄래? 지인이에게 떼루와 아코는 어떤 의미
야? 음, 그러니까 학교 친구들에게 떼루와 아코를 보여준다면 어떻게 소개할
거야?**
떼루와 아코는 아주 귀엽고 사랑스럽고 없어서는 안 될 동생이에요. 우리집
에 같이 사는 가족이에요. 엄마랑 아빠랑 지인이랑 떼루랑 아코랑, 우리 가족
은 다섯이예요.

Signal Of Love

WITH MY HEART IN
THE VIBRATIONS

글·사진 김승연 @haruzzi0907 | 에디터 박재림

# 들려 줄게요, 나의 하루를

덜그덕, 쨍그랑, 뚱땅뚱땅, 골골골골, 쭙쭙쭙… 고양이와 집사, 두 음악가의 파동이 공간을 채운다. 때론 온화하게, 때론 강렬하게 물결치는 화음. 이들의 연주는 하루, 매 순간이 특별하다. 집사 곁에서 앙상블을 맞추는 녀석의 귀가 들리지 않기 때문이다. 난청을 앓으면서도 명곡을 탄생시킨 베토벤처럼.

### 둘만의 주파수, 907 Hertz

안녕하세요, 고양이 '하루'와 오손도손 살아가는 집사입니다. 저희는 가을비가 내린 2020년 9월 7일 만났어요. 그보다 하루 전, 지인으로부터 연락이 왔죠. 하수구 쥐덫 끈끈이에서 구조한 새끼 고양이를 키울 사람을 찾는다고요. 저는 대학원 시절 룸메이트 친구와 고양이를 키운 경험이 있고, 마침 독립을 해서 혼자 사는 시기였어요. 고민 끝에 입양을 결심하고 고양이를 데려왔죠.

쥐덫 끈끈이를 뒤집어써서 엉망인 상태라 곧바로 목욕부터 시켰습니다. 씻긴 후에 털을 말리는데 뭔가 이상하더라구요. 보통 고양이는 드라이기 소리에 깜짝 놀라는데, 하루는 전혀 그러지 않는 거예요. 청소기 소음에도 반응이 없었죠. 인터넷 검색을 해보니 하루처럼 푸른 눈의 흰 털 고양이는 난청일 확률이 매우 높다고 하더군요. 동물병원에서도 비슷한 얘길 들었습니다. 유독 큰 하루의 울음소리 역시 난청 고양이의 특징 중 하나라는 걸 알게 되었죠.

당황스러웠어요. 귀가 안 들리는 고양이를 잘 키울 수 있을까 걱정이 앞섰죠. 이것저것 찾아보며 공부를 했습니다. 난청 고양이는 소리가 들리지 않아서 갑자기 다가오면 위협을 느끼고 스트레스를 받는다고 하더라고요. 그래서 하루에게 다가갈 때는 먼저 손으로 바람을 일으켜서 인기척을 느끼도록 해요. 그리고 항상 몸짓을 크게, 많이 하는 편입니다.

### 귀 아닌 심장으로 듣는

보통은 고양이도 자기 이름을 알아듣는다고 하죠? 부르면 다가오는 아이도 있구요. 그런데 하루는 그럴 수 없어요. 사랑의 마음을 가득 담아 이름을 불러도 듣지 못한다는 사실이 너무 안타까워요. 하루는 난청뿐 아니라 급성신부전으로 병원 신세를 지기도 했어요. 또 검은색 옷을 입은 사람을 볼 때마다 깜짝 놀라서 도망치는 걸 보면 마음의 상처도 있는 것 같아요.

그런 하루이기에 집사와 교감이 중요하다고 생각했어요. 저는 하루를 가슴에 꼭 껴안고 이름을 부르곤 합니다. "하루" 하고 말할 때 울리는 몸의 진동을 하루가 느낄 수 있도록 말예요. 그리고 하루의 이마에 뽀뽀를 해요. 그러면 얌전히 안겨 있던 하루가 골골 소리를 내기 시작해요. 그때 확실하게 느껴요. 내 애정표현이 전달되었구나, 우리의 마음이 서로 통하고 있구나.

둘만의 수화도 있답니다. 강아지 보호자들이 '앉아' '손' 같은 교육을 하잖아요. 저희도 따라해봤어요. 검지손가락으로 바닥을 두 번 치면 앉으라는 뜻, 손을 내밀면 앞발을 달라는 뜻으로 모션을 몇 번 반복했는데 하루가 알아듣더라고요. 매번은 아니지만(웃음).

### 집사의 세레나데, 하루의 답가

저는 음악을 해요. 중학교부터 대학까지 거문고를 전공했죠. 현재는 중학교에서 음악을 가르치고 있어요. 이따금씩 공연도 하고요. 그래서 집에 거문고, 가야금, 기타, 우쿨렐레, 피아노 등 크고 작은 악기가 많습니다. 악기들을 다루면 하루가 관심을 보여요. 특히 거문고를 연주할 때 그렇죠. 피아노와 기타 같은 선율악기는 진동이 적어서 잘 느끼지 못하는 것 같은데, 거문고는 타악기의 요소가 있어서 소리의 진동이 하루에게도 충분히 전달이 되나 봐요.

제가 거문고 연습을 시작하면 하루는 곁으로 다가와 식빵 자세로 앉아서 구경해요. 가끔씩 고개를 살짝 들고 먼 곳을 바라보며 눈을 감고 있는데 마치 소리를 감상하고 있는 것처럼 보일 때가 있어요.

하루가 종종 발톱과 이빨로 거문고 줄을 팅길 때가 있어요. 사실 장난 치는 건데 꼭 연주하는 것처럼 들리죠. 하루는 '골골송'을 자주 들려줍니다. 저는 보통 밤 10~11시에 침대에 누워서 잠들기 전까지 시간을 보내는데, 루틴을 맞추는 것처럼 하루가 제 옆에 자리를 잡아요. 이윽고 하루의 따스한 골골송이 시작되죠. 마치 지금 이 순간 너무 편안하고 좋다, 집사와 함께여서 행복하다는 가사가 들리는 것만 같아요. 실제로 고양이의 골골송이 사람에게도 좋은 영향을 준다는데, 하루의 노래를 듣고 있으면 그날의 스트레스가 사라지고 마음이 평온해져요.

하루의 골골송은 '재즈'를 닮았어요. 재즈가 아프리카계 미국인의 감성을 즉흥적으로 표현한 것처럼, 하루도 자신의 감정과 소울을 순간순간의 떨림으로 전달하는 것 같아요.

### 하루의 일상을 연주하는

사실 하루의 이름은 일본어로 봄을 뜻하는 'はる'에서 따온 거였어요. 계절의 시작처럼 저와 하루의 삶도 새롭게 시작된다는 의미로 말이죠. 그런데 함께 지내고 며칠 지나지 않아서 뜻이 바뀌었어요. 날마다 사고를 치고 말썽을 부리는 하루가 '오늘 하루만 사는 고양이' 같더라고요(웃음). 하루가 멀다 하고 화분과 화병을 떨어뜨려서 깨뜨리는 아이였거든요. "쨍그랑" 소리가 끊이질 않았죠.
'하루의 소리'는 그것뿐이 아니었어요. 화분 속 돌멩이와 흙을 파내는 소리, 간식퍼즐 장난감을 가지고 노는 소리, 쭙쭙이와 잠꼬대, 골골송과 거문고 연주(?)까지… 누군가 "하루도 집사처럼 음악가인 것 아니냐"고 했어요. 맞는 말 같기도 해서 웃음이 나더라고요.

존 케이지의 작품 중 〈4분 33초〉라는 곡이 있어요. 작품명만큼의 시간 동안 아무 연주도 하지 않아요. 대신 연주장 안에서 나는 다양한 소리를 하나의 음악으로 보는 거예요. 그 작품처럼 하루가 일상 속에서 내는 소리들도 하루가 연주하는 작품이라는 생각이 들더라고요.

아, 하루의 음악성(?)을 확인한 날이 또 있는데요, 저희가 처음 맞이하는 크리스마스 때였어요. 바닥에 캣닙을 잔뜩 뿌려줬더니 하루가 그 위에서 몸을 꼬더라고요. 마침 캐롤을 틀어 뒀는데 하루의 움직임이 마치 캐롤 리듬에 맞춰 춤을 추는 것처럼 보이는 거예요! "사실 하루 귀 들리는 거 아니야?"라고 물어볼 뻔 했답니다, 하하.

### 언젠가 소리가 들린다면

음악은 말로 다 표현할 수 없는 마음을 전하는 방법이라고 생각해요. 〈비긴 어게인〉이라는 영화를 좋아하는데, 거기 이런 대사가 나와요. '음악은 평범한 순간도 특별한 의미를 갖게 하고 진주처럼 빛나게 하는 힘'이라고. 제가 좋아하고 즐기는 모든 음악을 하루에게 들려주고 싶어요. 정작 하루는 시끄럽다고 "냥냥" 할 뿐일지도 모르지만 말이죠(웃음).

同行<sub>동행</sub>
心眼<sub>심안</sub>의
境地<sub>경지</sub>로의

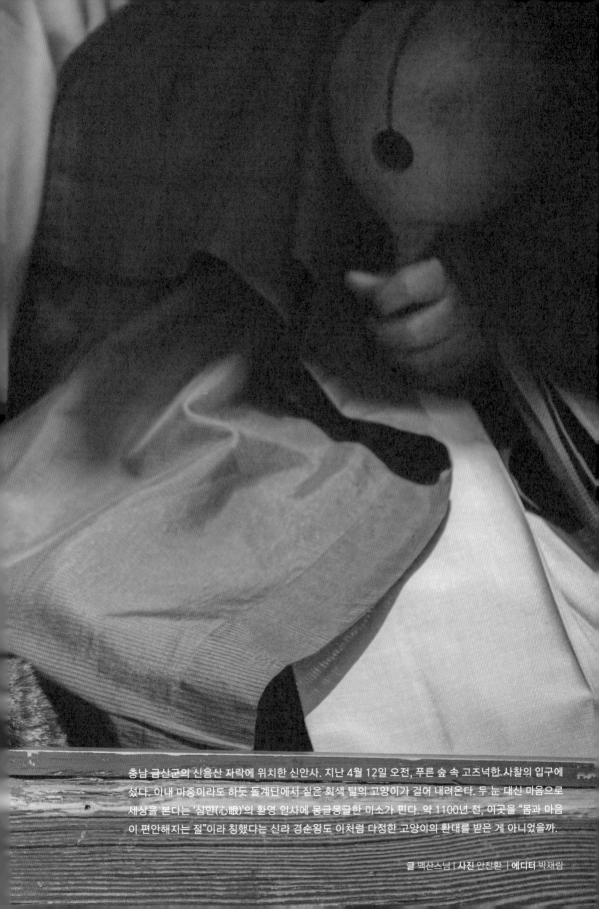

충남 금산군의 신음산 자락에 위치한 신안사. 지난 4월 12일 오전, 푸른 숲 속 고즈넉한 사찰의 입구에 섰다. 이내 마중이라도 하듯 돌계단에서 짙은 회색 털의 고양이가 걸어 내려온다. 두 눈 대신 마음으로 세상을 본다는 '심안(心眼)'의 환영 인사에 몽글몽글한 미소가 핀다. 약 1100년 전, 이곳을 "몸과 마음이 편안해지는 절"이라 칭했다는 신라 경순왕도 이처럼 다정한 고양이의 환대를 받은 게 아니었을까.

글 맥산스님 | 사진 안진환 | 에디터 박재림

**죽어가던 도시 길냥이와의 묘연**

마중 나온 심안이 뒤로 스님이 합장하며 인사를 건넨다. 신안사 주지이자 유일한 승려인 맥산스님은 10년째 이곳을 지키고 있다. 묘연은 5년 전으로 거슬러 올라간다. 당시 총무보살님의 아들이 대전에서 길고양이 어미와 새끼들을 발견했다. 유독 한 녀석만 왜소하고 두 눈엔 분비물이 가득했다. 동물병원에 가니 영양결핍에 온몸엔 진드기가 득실대고 왼쪽 안구가 없다고 했다. 입원 치료를 하는 사이 오른쪽 눈도 보이지 않는 상태임이 밝혀졌다. 기력을 회복하고 퇴원했지만 이후가 문제였다.

"두 눈이 보이지 않는 고양이를 입양할 사람을 찾긴 어려울 것이고, 그렇다고 도시의 길거리로 돌아가면 목숨을 부지하기 어렵겠지요. 사정이 딱해 여기로 데려와서 돌보기로 했습니다. 이전부터 절 안에서 유기견들을 키우고 있었고,

사찰 주변 길고양이 밥을 챙겨주고 있었지요. 새끼 고양이를 처음 데려온 날 품에 안고 개들에게 인사를 시켰더니 짖지도 않고 반기더군요. 고양이에게 시력은 없지만 마음의 눈으로 보라는 의미로 심안이라는 이름을 붙여주었습니다."

**쾌활하고 씩씩한 개구쟁이 동묘승**

신안사의 동자승, 아니 동묘승이 된 심안이는 금세 새로운 안식처에 적응해갔다. 극락전의 아미타삼존불좌상에 얼굴을 비비고, 마당 잔디밭을 뛰어다니고, 스님 앞에서 재롱을 떠는 개구쟁이로 성장했다. 주변 길고양이들과 영역 다툼도 물러서지 않았다. 처음엔 앞이 보이지 않는 녀석이 의기소침하진 않을까 걱정한 스님도 쾌활하고 씩씩하고 발랄한 심안이 덕에 미소 짓는 날이 많아졌다. 여름과 가을, 잔

디밭의 메뚜기를 잡아먹는 모습을 보면 기특하면서도 난감하다며 껄껄
웃는 스님.
"앞이 보이지도 않는데 메뚜기를 얼마나 잘 잡는지 모릅니다. 그런 씩씩
한 모습에 저도 많이 배우지요. 메뚜기 철이 되면 신이 나서 잔디밭을 뛰
어다닙니다. 문제는 불교는 살생을 금하는데, 사찰 안에서 심안이가 자
꾸 살생을 하는 꼴이라… 장난스레 목에 묵주를 걸면서 반성하라고도
해봤습니다만 그때뿐이지요. 허나 야생의 본능인 것을 어찌 하겠습니
까. 덕분에 우리 심안이는 절 안에서 유일하게 육식이 허락된 존재가 되
었습니다, 허허."

**절 고양이 5년이면…**
도량석(道場釋)은 불교에서 하루를 여는 의식이다. 하늘과 땅이 열리는
시간이라는 새벽 3시부터 사찰 주변을 걸으면서 기도를 드린다. 심안이
를 데려오고 얼마 지나지 않아 평소처럼 도량석을 돌던 스님은 깜짝 놀
라고 말았다. 심안이가 스님 뒤를 졸졸 따라다니며 도량석을 함께한 것.
뿐만 아니라 매일 오전 10시 스님이 극락전에서 부처님께 기도를 올릴
때면 심안이가 곁에 붙어 목탁과 예불 소리에 귀를 쫑긋거렸다.
"도량석을 함께 돌 때 어찌나 신기하고 또 마음이 뭉클하던지요. 예불을
드리는 시간이 되어서 목탁을 두드리면 금세 어디선가 나타나서 눈을
맞춥니다. 신도 분들도 신기해하시지요. 그런데 이 녀석, 요즘엔 꾀가 생
겼는지 도량석을 해도 초반에 잠깐 따라오는가 싶다가 이내 사라집니
다. 길을 가로질러 미리 도착해서 누워 있다가는 왜 이제 오냐는 듯 저를
바라보지요. 예불 시간이 되어도 목탁소리를 듣고 어디선가 달려와서
눈도장만 찍고는 다시 돌아가버리고 말입니다."

**마음의 눈, 마음의 문**

심안이를 입양하기 전까지 사찰 주변 길고양이들에게 밥은 챙겨줬지만 반려묘를 보살핀 경험은 없던 스님. 처음엔 심안이의 소리와 행동이 무엇을 의미하는지 몰라 답답하기도 했다. 그래도 고양이를 반려하는 신도의 조언, 그리고 햇수로 6년 함께한 시간의 힘으로 이제는 심안이의 마음을 어느 정도 읽을 수 있다. 목소리만 들어도 현재 기분이 어떤지 알 수 있다고. 그 차이가 미묘해서 말로 설명을 하기는 어렵지만 마음으로는 분명하게 전달되더라는 것이다.

"울음소리 말고도 심안이의 상태를 알 수 있는 저만의 노하우들이 있습니다. 종종 심안이가 놀지도 않고 구석진 곳에 숨어서 누워있기만 할 때가 있어요. 컨디션이 좋지 않다는 의미지요. 그럴 때 심안이가 좋아하는 간식을 주는데 그것도 제대로 먹지 않으면 곧바로 병원에 데려갑니다. 매일 아침 저녁으로 심안이 밥을 주는데 먹는 속도와 남은 양을 보고도 심안이 상태를 유추하지요. 또 심안이를 불렀을 때 한 번에 오지 않으면 뭔가 평소와 다른 일이 생겼다는 의미입니다."

이날 인터뷰를 진행하는 중에도 맥산스님과 심안이 사이의 애정을 느낄 수 있는 장면이 자주 보였다. 마당 잔디밭을 자유롭게 뛰어다니던 심안이가 스님의 목소리에 곧바로 다가와 배를 보이며 뒹굴뒹굴거렸다. 또 손님을 모시는 사랑방에서 보이차를 마시며 이야기를 나눌 때는 심안이가 스님의 다리와 품 사이에 자리를 잡고 누워서 코까지 골며 쿨쿨 잠을 잤다. 스님이 쓰다듬는 심안이의 털에 윤기가 넘치는 것을 보고 여쭤보니 주기적으로 목욕도 시켜주신단다.

"고양이를 키우는 신도 분들 말씀이 심안이의 행동을 보면 스님을 얼마나 좋아하는지 알 수 있다고 합니다. 그런 말을 들으면 참 기분이 좋지요. 이 작은 생명체가 저를 믿고 신뢰한다는 사실이 감격스럽습니다. 이따금 '나 어릴 적 부모의 마음이 이랬겠구나. 어릴 적 받은 부모의 사랑을 이렇게 심안이에게 베풀고 있구나' 하는 생각도 하게 되지요. 심안이를 만나지 않았다면 이런 마음을 어찌 알 수 있었겠습니까."

## 열반의 동반자

불교에 '육신통(六神通)'이라는 개념이 있다. 우리가 흔히 쓰는 '신통하다'라는 표현의 어원이기도 한 것으로, 말 그대로 여섯 가지 신통한 능력을 의미한다. 그 중 하나가 '천안(天眼)'인데 육안으로 볼 수 없는 것을 볼 수 있는 능력이다. 그리고 그것을 가능하게 하는 것이 바로 심안, 즉 마음의 눈이다. 스님이 두 눈이 보이지 않는 고양이에게 붙여준 이름은, 스님이 도달하고자 하는 깨달음의 경지이기도 한 것이다.

"제 아무리 교양을 갖춘 사람이라 자부하는 인간이라 해도 자신도 모르게 어느 한 쪽으로 치우친 눈으로 상대를 보게 됩니다. 무의식적으로 받아들이고 받아들여온 주변 환경의 영향이지요. 인종차별이나 지역감정 같은 것이 일어나는 이유입니다. 심안이 열린다는 것은 모든 편견과 선입견에서 탈피하여 존재의 고유함 자체를 볼 수 있는 깨달음의 경지에 닿는 것입니다. 심안이와 저는 같은 목표를 향해서 함께 걸어가는 셈이지요."

## 사찰의 집사님

한국에서 집사(執事)는 흔히 교회(기독교) 구성원 중 하나
를 가리키는 단어로 쓰인다. 조금 전 스님의 첫 인사 "심안
이 집사, 맥산스님입니다"가 어쩐지 어색했던 이유. 그러나
인터뷰를 진행하는 사이 왠지 모를 괴리감(?)은 완전히 해
소되었다. 품에 안겨 잠든 심안이 탓에 다리가 저려옴에도
혹시나 잠에서 깰까 움직임을 최소화하고, 심안이의 코골
이에 미소 지으며, 휴대폰 앨범에 심안이 사진이 절반이라
며 잘 나온 사진들을 자랑하는 스님의 모습은 고양이 집사
그 자체였으니까.

"사찰에서 집사라고 소개를 하니 다들 놀라시지요. 하지만
저는 하인으로서 심안이를 모시는 게 맞으니까 분명 집사
가 맞습니다, 껄껄. 고양이 관련 단어도 많이 배웠지요. 우
리 심안이 같은 털무늬 고양이를 '고등어'라고 부른다지요?
쮸르, 트릿, 삼색이 같은 표현도 알고 있습니다. 심안이 집
사로서 부처님께 예불을 드릴 때 심안이를 위한 기도를 올
리곤 합니다. 심안이가 윤회(輪廻)하여 다음 생에는 두 눈
으로 세상을 보면서 살 수 있기를 말이지요."

# BILLI, PRESS THE BUTTON LIKE A PIANO MAN

글·사진 Kendra Baker @billispeaks | 에디터 박재림

# 버튼을 눌러줘요 빌리, 건반 앞 피아노맨처럼

빌리 조엘(Billy Joel)의 대표곡 〈피아노맨〉은 미국 로스앤젤레스 술집에서 피아노 연주자로 일한 시절을 떠올리며 만든 노래다. 가사 속 젊은 피아노맨이 누르는 건반은 손님들의 위안이자 기쁨이다. 지금 우리가 만날 주인공도 LA에 산다. 그 역시 '손' 끝으로 소리를 꾹꾹 눌러 마음을 전한다. 버튼으로 사람과 대화하는 고양이, '빌리(Billi)'의 솜망치에 귀를 기울인다.

**안녕하세요, '말하는 고양이' 빌리를 만나러 왔어요.**
헬로, 빌리의 집사 켄드라 베이커(Kendra Baker)입니다. 올해 14살 빌리는 단어 버튼을 눌러서 나오는 소리로 의사표현을 할 줄 아는 고양이예요. 배가 고프면 "Food" 소리가 나는 버튼을 앞발로 눌러서 현재 상태를 전하는 식이죠. 2020년 5월 교육을 처음 시작했으니 이제 3년이 지났네요. 지금은 70가지가 넘는 단어 버튼을 사용할 줄 알아요. 때로는 복수의 단어를 조합해서 마치 문장처럼 표현하기도 합니다. 최근에는 'Morning' 'Noon' 'Night' 버튼을 추가해서 시간 개념을 탐구하고 있어요. 빌리가 단어 버튼을 사

용한다고 해서 그것만으로 의사소통을 하는 건 아니에요. 그것을 배우기 이전처럼 야옹 소리와 몸짓 언어 등으로도 자신을 표현합니다.

빌리를 처음 만난 건 2009년. 아메리칸쇼트헤어 새끼 고양이가 도로를 가로지르며 달렸는데 그로 인해 차량 사고가 났어요. 고양이는 다치지 않았지만 그대로 뒀다간 또 사고가 일어날 거 같았죠. 돌보던 반려인이 있는 건 아닐까 찾아봤지만 연락이 없었어요. 결국 저희 집에서 살게 되었습니다. 어린 시절 강아지, 고양이 앵무새, 햄스터, 말 등 다양한 동물과 자랐

지만 부모님 집을 떠난 뒤로는 처음 함께하는 친구였죠. 룸메이트가 장난 삼아 '빌(Bill)'이라고 부르면서 자연스럽게 이름으로 굳어졌어요. 문제는 그것이 보통 남자 이름으로 쓰이는데 우리 고양이는 여자 아이라는 것. 그제서야 이름을 바꿀 수도 없고 대신 맨 뒤에 '아이(i)'를 붙여서 빌리가 되었답니다. 빌리는 귀엽고 사랑스러운 성격으로, 사람들과 함께하길 좋아하는 고양이예요. 또 안아주는 것, 쓰다듬어주는 것, 간식을 무척 좋아해요.

## 빌리와 함께하는 집사님은 어떤 분이신가요?

저는 동물원 및 야생동물의학전공 수의사입니다. 빌리를 처음 만났을 땐 학부생이었죠. 그 뒤 학사와 석사 과정, 다양한 자격증과 학위 취득까지 모든 과정을 함께했어요. 착한 빌리는 제가 수의사가 되는 과정에서 고양이가 필요할 때마다 기꺼이 협조해주었답니다. 제 직업은 빌리와 소통하는 방식에 분명히 영향을 미쳤습니다. 이 분야에서는 '동물환경풍요화(Animal Enrichment) 동물원 외에도 일반 반려동물이 제한된 환경이 아닌, 습성에 맞는 환경을 갖추도록 하는 행위'가 항상 거론되는데요, 생존에 꼭 필요하지는 않지만 삶의 질을 높이는 모든 것을 의미해요.

제가 동물 환자들의 삶에 관심을 가지면서 반려묘의 그것을 무시할 순 없겠죠? 당연히 빌리의 삶을 풍요롭게 하는 새로운 방법을 생각하는데 많은 시간을 쏟고 있어요(특히 코로나 기간 집고양이의 삶의 질 하락에 관해서 깊게 고민했죠). 그 일환으로 우리는 자주 여행을 다닙니다. 7개 주, 1개의 미국령 영토는 물론 해외도 두 번 다녀왔죠. 수없이 비행기와 차를 타면서 항상 다음 모험을 준비하곤 해요. 그런데 빌리는 조수석 친구로는 최악이라고 할 수 있어요. 제가 운전하는 동안 잠만 자거든요(웃음).

## 처음 언어 버튼을 가르칠 생각은 어떻게 하게 되셨나요?

언어치료사 크리스티나 헝거 씨와 반려견 '스텔라'를 아시나요? 단어 버튼으로 소통하는 둘을 보면서 우리도 도전하기로 했어요. 빌리와 의사소통 방법을 더하고 빌리의 삶을 더욱 풍부하게 만들어 주고 싶었죠. 인간은 두 번째 언어를 배울 때 뇌 위축 속도가 감소한다고 알려졌는데, 동물에게도 같은 원리가 적용되지 않을까 싶기도 했고요.

교육을 시작하며 헝거 씨의 방법을 따라하면서도 한 가지는 예외를 뒀어요. 초반에는 되도록 'Food' 버튼을 사용하지 말 것을 권장한 점 말이죠. 하지만 빌리가 충분한 힘으로 버튼을 누를 만큼의 동기를 유발하는 건 음식 밖에 없다고 생각했어요. 일관된 모델링 – "Food"라고 소리 내어 말

하고, 버튼을 누르고, 음식을 주는 것 – 을 3주일 넘게 이어가자 마침내 빌리가 스스로 버튼을 누르기 시작했습니다. 그 뒤 학습 속도가 빨라져서 일주일 만에 두 개의 버튼 'Pets'와 'Mad'를 습득했어요. 그런 식으로 단어를 늘려갔습니다.

## 빌리는 단어의 소리와 의미를 확실하게 인지하고 버튼을 누르는 걸까요?

빌리가 버튼을 올바르게 사용하는지는 아직 확인되지 않았어요. 캘리포니아 대학교 샌디에이고 분석인지연구실(University of California San Diego's Comparative Cognition Lab)에서 빌리를 포함한 다양한 동물이 버튼으로 의사소통하는 것에 관해 연구를 진행 중이에요. 우리는 동물이 단어와 행동을 연관 지을 수 있다는 것을 확인했고, 강아지가 1,000개의 단어를 정확히 알고 있다는 보고서가 발표되었죠! 그러나 버튼을 누르는 행위가 음식이나 애정을 얻는 것, 1,000개의 장난감 이름을 아는 것, 감정 상태를 전달하기 위한 게 맞는가, 라는 걸 '증명'하는 건 까다로운 일입니다. 인간의 언어란 꾸준히 발전하는 모호한 구조를 띠고 있기 때문이죠. 심지어 우리는 두 명의 인간이 같은 방식으로 감정을 경험하는지도 확실하게 말할 수 없지요. 빌리의 버튼 사용 의미를 해석하는 데에는 분명 오차가 있을 수 있지만, 그래도 제가 만족하는 이유는 빌리가 버튼을 즐겨 사용하고 그것이 빌리의 삶에 많은 것을 더해주기 때문입니다! 버튼 사용 이전에 누군가 "빌리와 너의 유대가 더 깊어질 수 있느냐"고 물었다면 제 대답은 "아니오"였을 거예요. 하지만 보시다시피 버튼을 사용한 뒤 우리의 의사소통은 훨씬 더 다양해졌죠.

## 빌리가 자주 사용하는 단어는 무엇인가요?

단연 'Food'입니다. 빌리는 분명 그 버튼의 의미를 알고 있어요. 그것 외에도 Pets(쓰다듬어줘), Toy(장난감)처럼 응답이 즉각적인 단어를 더 쉽게 이해하며 자주 눌러요.

농담삼아 빌리의 최애 버튼은 'Mad'라고 주변에 말하곤 해요. 그 의미를 얼마나 이해하고 있는지는 알 수 없어요. 화가 난 건지, 무언가 불편한 것인지, 그 밖의 상태인지 말이죠. 다만 빌리는 적절한 맥락에서 그것을 사용하기 때문에 웃음이 터집니다. 예를 들어 제가 '밥은 조금 이따가 줄게'라는 의미로 'Food' 'Later' 버튼을 누르면 빌리가 'Mad' 버튼으로 대답을 해요.

## 빌리가 'Food'와 'Mousey'를 누르면 생쥐 모양 먹이퍼즐에

간식을 채워 주시죠. 마치 사냥을 하는 듯한 모습에서 애니메이션 〈톰과 제리〉가 생각나서 웃었답니다.

하하! 빌리는 Food Mousey를 정말 좋아해요. 고양이는 포식자이며, 먹이를 사냥하는 것은 자연스러운 일입니다. 퍼즐 장난감에 음식을 주면 마음과 몸을 자극할 수 있어요. 빌리는 그 퍼즐 장난감을 사냥하는 것을 정말 즐기는 것 같아요.

**빌리가 3가지 이상 단어를 조합해서 말을 하는 경우도 있나요?**

정말 많아요! 최근에 가장 놀란 것은 전기 주전자의 물을 따를 때 보여주는 반응이에요. 빌리에게 몇 가지 지병이 있

어서 처방식 사료를 먹이는데, 식사법을 최대한 다양하게 바꿔주고 있어요. 건식 사료에 뜨거운 물을 조금 섞어 주니 맛이 좀 더 나은지  빌리가 무척 좋아하더라구요. 그 뒤 전기 주전자에 물을 따르는데 빌리가 'Now' 'Tummy' 'Water' 'Food'를 차례로 누르는 거예요. '지금 배가 고파요, 물 섞은 밥을 주세요'라고 해석할 수 있는, 맥락상 너무 적절한 조합이어서 저는 입이 떡 벌어졌답니다.

**처음에는 무슨 뜻인지 이해하지 못했지만, 시간이 지난 후에 의미를 알게 된 빌리의 표현이 있나요?**

물론이죠. 그 중에서 가장 주목할 만한 것은 빌리가 'Catnip'

'Water' 버튼을 누른 사례입니다. 그게 무슨 뜻인가 오랫동안 혼란스러웠는데 SNS 팔로워 한 분이 제가 모닝커피를 마시는 동안 빌리가 항상 그 버튼을 사용한다는 사실을 캐치했죠. 그때부터 저는 커피를 마시며 빌리에게 캣닙가루를 주는 재밌는 루틴이 생겼답니다.

**전세계의 반려인이 가장 해석하고 싶은 말 중 하나가 "아프다"라고 해요. 특히 고양이는 아픔을 숨기려고 하기 때문에 발병을 눈치채기 어렵다고 하죠. 빌리는 지병이 있고, 신장 문제로 수술도 받았어요. 수의사이기도 한 집사님에게 단어 'Ouch(아파)'는 남다른 의미를 가질 듯 합니다.**

말씀하신 것처럼 많은 반려동물이 고통을 숨기곤 하는데, 인간은 비언어적 신호를 해석하는데 그리 능숙하지 않죠. 수의사로서 저는 대부분의 인간들이 놓치는 미묘한 통증 신호를 찾는 것에 훈련을 받았음에도 빌리가 조금이라도 아픔을 알리는 신호를 보내야만 그것을 알 수 있습니다. 빌리가 어디가 괴롭고 아픈지 말해주길 바라며 'Ouch' 버튼을 추가했어요. 그리고 과도한 해석을 하지 않기 위해 빌리 버튼을 누를 때 비언어적 신호와 일치시키려고 노력해요. 'Ouch' 버튼은 제 자신을 모델링에 활용해 만들었습니다. 함께 놀 때 빌리가 발톱이나 이빨로 통증을 주면 "Ouch"라고 말한 뒤 그것이 적힌 버튼을 눌러서 빌리에게 알려주는 거죠. 염증성 장 질환을 앓고 있는 빌리는 구토 징후가 있거나 구토를 하면 'Ouch' 버튼을 눌러서 표현합니다. 가끔 제가 실수로 꼬리를 밟았을 때도 빌리는 'Ouch'를 눌러요.

**집사님의 지인들에게 빌리가 'Love you' 버튼으로 마음을 전하는 장면을 자주 봤어요.**

빌리에게 고백(?)을 받은 지인들의 반응은 하나 같아요. 잠시 멈췄다가 "아악, 귀여워 죽겠어"라고 외치는 거죠(웃음). 최근에 빌리가 제 남자친구, 여동생, 친구에게 사랑한다고 말하는 순간을 영상으로 편집해서 올렸어요. 빌리가 다정한 고양이라는 것, 많은 사람들이 빌리에게 푹 빠지게 된다는 사실이 너무 좋아요. 고양이들은 항상 몸으로 사랑을 표현하지만 말로 듣는 건 아무래도 더욱 특별하죠.

**단어 버튼을 사용한 지 꽤 긴 시간이 흘렀어요. 그 사이 빌리는 유튜브 '실버 버튼'도 받았지요!**

지난 3년은 정말 대단한 시간이었어요. 1개로 출발한 빌리의 버튼은 70개가 되었고, 저는 언어 습득의 과학, 보조의사소통기기(AAC) 사용, 동물의 보조대화기술(AIC)에 관해서 많은 것을 배웠죠. SNS 활동은 원래 계획에 없었어요. 그저 빌리와의 재미있는 활동일 뿐이었으니까요. 그러다 여동생 권유로 몇 개 영상을 업로드 했는데 반응이 즉각적으로 오더라구요. 유명세를 경험하는 것은 굉장히 어색하고 이상한 일이었습니다. 실버 버튼에 이어 골드 버튼도 받으면 좋겠어요, 하하.

애로사항도 있어요. 빌리의 학습 현황을 공유하면서 저와 남자친구의 사생활을 과도하게 공개하지 않도록 선을 지키는 것이 그 중 하나입니다. 사적인 일상이 공개되는 것을 최소화하려고 해요. 개인적 질문에 답변을 거부하면 실망하거나 화를 내는 사람도 있어요. 빌리를 사랑하고 관심을 보여주는 사람들이 많다는 건 좋은 일이예요. 하지만 사생활 보호에 관해서도 이해를 부탁드리고 싶어요.

**빌리는 단어 버튼을 사용하는 최초의 고양이로 알려져 있습니다. 현재 빌리는 누군가의 '롤모델'이기도 하지요.**

모든 생명체는 이해 받고 싶은 욕구가 있어요. 그렇지 못한 상황에 처한 적이 있다면 누구든 공감할 테죠. 인간은 비언어적 신호를 무시하는 경향이 있어요. 하지만 반려동물이 버튼을 누르기 시작하면 자연스레 더 주의를 기울이게 됩니다.

'빌리를 보고 나의 고양이와 버튼을 사용하기 시작했다'거나, '빌리와의 소통을 보면서 고양이와의 비언어적 의사소통에 더 관심을 기울이게 됐다'는 메시지를 종종 받아요. 이처럼 많은 인간과 고양이의 삶에 영향을 미친 것이 신기하고, 그들에게 기쁨을 주고 있다는 사실이 기뻐요. 앞으로도 관심이 유지되고 결과적으로 더 많은 고양이가 더 나은 삶을 살기를 바랍니다.

단어 버튼에 대한 일반적 오해 중 하나가 이것이 모든 의사소통을 대체한다고 믿는다는 거예요. 결코 사실이 아닙니다. 버튼은 비언어적 의사소통을 보강하는 도구에 불과해요. 같은 언어를 사용하지 않는 사람과 이야기할 때 손짓, 몸짓으로 간단한 포인트를 전달하잖아요? 반려동물의 버튼도 마찬가지예요. 버튼은 이미 높은 수준의 비언어적 의사소통에 부가요소일 뿐이라고 생각합니다.

Signal Of Love

# A SIGNAL OF HEALING SENT FROM THE RUINS

글·사진 Ali Cakas @enkaz.tr | 에디터 박지림

# 폐허에서 전송된 치유의 시그널

2023년 2월 대지진이 강타한 튀르키예 동남부. 한 소방관이 폐허 속에서 주인 잃은 고양이를 구출했다. 현장에서 마음을 나누며 함께하기를 며칠. 별안간 고양이가 소방관의 어깨 위로 올라갔다. 그로부터 4개월이 흘렀다. 피해 지역은 복구 작업이 계속되고, 소방관과 고양이는 가족이 되었다. 그날 어깨 위 고양이는 스스로에게, 소방관에게, 그리고 세상을 향해 메시지를 보낸 게 아닐까. '우리는 다시 시작할 수 있다'는 치유의 시그널 말이다.

**대지진의 재앙 속에서 희망을 전한 고양이와 당신을 꼭 만나고 싶었습니다. 인터뷰에 응해 주셔서 감사합니다.**
메르하바(Merhaba 튀르키예어로 안녕하세요). 튀르키예 사람 알리 카카스(Ali Cakas)입니다. 산악자전거 국가대표 선수로 뛰다 2021년부터 소방관으로 일하고 있어요. 어릴 적부터 꿈꿔온, 신성하고도 자랑스러운 직업입니다. 어려움에 빠진 사람들을 도우면서 그들로부터 감사의 마음을 받는 것을 기쁘게 생각해요.
이 녀석은 저의 반려묘 '엔카즈(Enkaz)'입니다. 우리는 지난 2월 튀르키예-시리아 대지진 때 처음 만났습니다. 사고 현장의 폐허에서 구조 작업을 하던 중 잔해 속에서 발견했지요. 터키어로 '잔해'를 뜻하는 엔카즈를 이름으로 정한 이유입니다. 엔카즈와의 만남이 전 세계적으로 유명해지고, 이렇게 한국인들에게 우리의 이야기를 하는 것이 너무 신기합니다.

**지진이 발생한 뒤 자원해서 피해 지역으로 출동하셨다고 들었습니다. 지진 규모가 워낙 큰 데다 여진 가능성도 높은 상황이었죠.**
저는 지진의 무서움을 잘 알고 있습니다. '세기의 재앙'이라 불리는 1999년 지진 당시 진원지 이즈미트와 인접한 이스탄불에서 살고 있었지요. 그리고 고향 마르딘에서도 지진이 일어난 적이 있는데 그때 수색 구조대로 활동한 경험이 있었습니다. 이번 지진이 일어난 곳이 마르딘과 그렇게 멀지 않은 지역이에요. 자원봉사단에 합류해 피해 지역인 카지안테프/누르다이로 향했습니다.

현장은 매우 복잡하고 혼란스러웠습니다. 한국, 브라질, 인도, 쿠르디스탄 등 여러 나라에서 구조팀을 보냈습니다. 우리 구조대는 말레이시아에서 온 구조팀과 긴밀히 협조했지요. 함께 파견된 구조견들도 발달된 후각으로 중요한 정보를 주었습니다. 덕분에 5명의 생존자를 구조하고, 수많은 시신을 수습할 수 있었지요.

**사람뿐 아니라 동물도 많이 구조하셨다면서요.**
출동 나흘째로 기억합니다. 빌딩 4개가 S자 형태로 포개지듯 무너진 곳에서 잔해를 치우다 새장 안에 갇힌 앵무새들을 구조했어요. 그리고 나선 고양이 두 마리도 발견했습니다. 한 마리는 오드아이 터키시 반 고양이(Turkish Van)였는데 금방 반려인을 찾아서 인계했어요. 문제는 남은 점박이 고양이였죠. 집고양이 같아 보였지만 주인을 찾지 못해 일단 안전한 장소로 옮겼습니다. 이후 교대로 쉬는 시간마다 밥을 주고 돌봤지요. 무척 똑똑하고 순하고 잘 교육받은 고양이였어요.
며칠 뒤 사망자의 시신을 수습했는데 그 고양이를 처음 발견한 곳 근처였기 때문에 그 사람이 보호자였을 것이라는 생각을 지울 수 없었습니다. 고양이도 주인을 찾는 것인지 그 근처를 결코 떠나지 않았지요. 주인을 찾아주지 못해서 안타까운 동시에 그의 영혼이 저에게 이어진 건 아닐까 하는 생각이 들었습니다.

**그 고양이가 어느 날 갑자기 당신의 어깨 위로 올라갔다지요?**

녀석을 내버려 두고 떠날 수 없다는 생각을 이전부터 하고 있었어요. '내가 이 고양이를 길러야 하나' 싶기도 했고요. 그랬기 때문에 녀석이 제 어깨 위에 올라타서 저와 눈을 맞추는 순간 날아갈 듯이 기뻤습니다. 저를 믿는다는 시그널 같았죠. 네, 그 고양이가 바로 엔카즈입니다. 그날 이후 엔카즈는 수시로 제 어깨 위로 올라왔고 내려가지 않으려고 했어요. 그곳이 안전하다고 느끼는 것 같았죠. 주변 사람들이 고양이가 사람 어깨 위에서 지내는 건 흔치 않은 일이라고 말해주더군요. 그래서 엔카즈의 그런 행동은 저를 신뢰한다는 표식으로 여겨졌습니다.

돌이켜보면 모든 것이 운명처럼 느껴져요. 사실 지진이 일어나기 일주일 전, 저는 고양이 입양에 관해서 고민했습니다. 그리고 알라께서 제 마음을 읽은 것처럼 며칠 후 엔카즈를 만나게 해주셨지요. 신기한 일은 또 있습니다. 당초 구조팀의 일정보다 하루를 더 머물렀는데, 그 마지막날 엔카즈가 제 어깨 위에 있는 모습이 촬영되어 뉴스에 나왔죠.
지진 피해 지역을 떠나 고향으로 돌아가는 날, 엔카즈가 차량에서 스트레스를 많이 받았어요. 구석에 숨어서 저를 바라보는 엔카즈의 모습에 가슴이 아파 눈물이 났습니다. 알라께 기도를 드렸습니다. '신이시여, 부디 저 고양이를 제게 주십시오. 저 고양이는 죄가 없고 주인을 잃어 오직 저에게서만 안식을 찾을 수 있습니다.' 기도를 마치고 엔카즈에게 다가갔을 때 녀석은 얌전히 제 품에 안겼고 이내 허벅지 위에 편하게 누웠습니다. 무척 감동적인 순간이었죠.

**지진으로 인한 정신적 후유증이 있지는 않았을까 걱정이 됩니다.**
구조 활동 중에는 오늘이 며칠인지, 지금이 몇 시인지도 모르고 지냈습니다. 그리고 집으로 돌아오자 모든 신경이 잔뜩 곤두선 상태가 되었지요. 사흘 동안 집 안에서만 지냈습니다. 엔카즈 역시 작은 소리에도 예민하게 반응했어요. 두려워하는 것이 보였습니다. 하지만 우리는 함께 시간을 보내면서 트라우마를 극복할 수 있었습니다. 서로의 존재로 치유되는 느낌이었어요.
엔카즈라는 작명에 의문을 나타내는 사람들이 있습니다. 잔해라는 의미가 담긴 이 단어는 분명 지진, 파괴, 폐허 등 부정적인 에너지를 내뿜고 있지요. 하지만 우리에게 아주 깊은 연관이 있는 단어이기도 합니다. 그 이야기와 기억을 남기겠다고 결심하며 지은 이름이죠. 누가 뭐라든 그것이 진실이니까요. 그래도 주변의 여러 요청이 있었기 때문에 최근에 애칭을 지었습니다. 튀르키예어로 '별'을 의미하는 '일디즈(Yıldız)'예요.

**고양이 집사가 되신 지 어느덧 100여 일이 지났습니다. 엔카즈와 어떻게 소통하고 계신가요?**
엔카즈는 이전 반려인에게 교육을 잘 받은 아이 같아요. "앉아!"라는 말도 알아들어요. 기본적으로 제 행동에 맞춰줍니다. 무척 감사한 일이예요. 엔카즈는 매우 온순하고 똑똑한 고양이입니다. 이전 반려인이 아주 세심하게 돌본 것 같아요. 무척 감사한 마음입니다.
저희가 유명해진 사진 - 엔카즈가 제 어깨 위에 올라와서 눈을 마주치는 모습 - 처럼 요즘도 엔카즈가 눈맞춤을 하냐는 질문을 종종 받습니다. 물론 엔카즈는 여전히 아주 깊은 눈으로 저를 바라봐요. 저를 좋아하는 마음이 확실하게 느껴집니다. 일을 마치고 돌아오면 엔카즈는 제 냄새를 맡고 사랑을 전해줍니다. 특별한 고양이와 함께해서 무척 행복합니다.

**튀르키예는 '고양이의 천국'이라 불리는 나라입니다. 이스탄불이 특히 그렇죠. 엔카즈와 당신이 살고 있는 마르딘의 분위기는 어떤가요?**
이스탄불과 오토만 문화에서 고양이는 매우 사랑받는 존재예요. 마르딘도 그렇습니다. 튀르키예의 고양이 사랑은 예언자 무함마드께서 고양이 '무에자(Muezza)'를 키웠다는 사실에도 큰 영향을 받은 것 같아요. 고양이는 신성한 곳에서 사는 특별한 동물로 받아들여지죠. 예배를 드리는 곳에서 사람들 사이로 자유롭게 돌아다니는 고양이를 쉽게 볼 수 있습니다. 그렇지만 고양이는 신앙과 관련이 없더라도 애정과 사랑을 받습니다.
튀르키예 옛말 중에 '고양이는 은혜를 모른다'는 말이 있다지만, 그건 헛소리입니다. 그런 말이 나온 건 기본적으로 고양이를 향한 인간의 마음이 짝사랑일 경우가 많기 때문인 거 같습니다. 개와 다르게 고양이는 인간에게 '빠져들지' 않죠. 그것이 고양이의 습성이구요. 쉽지 않은 동물이죠, 하하.

**한국에서도 당신과 엔카즈를 응원하고 있어요. 전하고 싶은 말이 있나요?**
한국의 여러분들이 관심과 걱정을 표현해주신 것에 감사드립니다. 우리는 많이 놀랐습니다. 우리는 어떤 상황에서도 동물을 사랑하고 아껴줘야 합니다. 우리 아이들에게도 그 사랑을 심어줘야 해요. 자연을 사랑하는 사람은 세상을 사랑하고 악행도 저지르지 않습니다. SNS 계정을 만들고 엔카즈와 일상을 업로드 하는 이유도 모든 동물은 사랑받을 자격이 있다는 것을 말하기 위해서입니다. 우리는 인류에게 작은 예시가 되고 싶습니다. 고양이 한 마리가 세상을 바꿀 수 있습니다. 지난 4개월 동안 우리가 겪은 일처럼 말이죠.

# A WISE CAT FROM SAUDI ARABIA

# 사우디 아라비아에서 온 현자

글·사진 이새롬 @muhammad_hodu_lee | 에디터 박조은

**이렇게 많은 개인기를 가지고 있는 고양이는 처음 봐요. 천재묘 '호두'를 소개해 주세요.**

안녕하세요. 저는 먹성 좋은 치즈 고양이 '무함마드 호두 리'의 집사예요. 풀네임이 참 특이하죠? 호두는 저와 남편이 사우디 아라비아에서 거주할 때 가족이 되었어요. 사우디 아라비아에서 가장 흔한 이름인 '무함마드', 머리의 무늬가 호두를 닮아서 '호두', 마지막으로 제 성인 '이(Lee)'를 따서 무함마드 호두 리가 되었죠. 호두는 수많은 개인기들을 보유하고 있어요. 머리가 뛰어나게 좋거나 교육을 잘 받는 성품을 타고난 건 아니고요. 아마도 간식을 향한 열정과 진심이 호두를 이렇게 똑똑한 고양이로 거듭나게 해 준 것 같아요. 마법의 단어인 '간식'이 없으면 개인기를 절대로 보여주지 않거든요.

**호두가 알아듣는 단어가 총 몇 개인가요?**

호두는 웬만한 강아지들이 하는 개인기는 전부 할 수 있어요. '앉아, 손, 발, 하이 파이브, 돌아, 빵야, 양손, 코, 브이'라는 단어를 마스터했고요. '간식 먹고 싶을 때 버튼 누르기, 케이지에 스스로 들어가기까지 총 11가지 개인기를 보유하고 있답니다.

**이 정도면 사람 말을 알아듣는 것 아닐까요(웃음)?**

가끔 진지하게 '호두는 자신이 사람인 줄 아는 게 아닐까?' 하는 생각을 해요. 한 번은 태블릿으로 〈고양이 TV〉라는 채널의 영상을 틀어준 적이 있어요. 고양이들이 좋아하는 새와 물고기, 움직이는 벌레 영상이 가득한 유튜브 채널인데요. 호두가 집중해서 관람하더니 갑자기 화면을 이리저리 만져보더라고요. 그러다가 동영상 목록으로 들어가서 손으로 스크롤을 내리기까지 해서 깜짝 놀랐던 기억이 나요.

**처음 교육을 시작한 계기가 궁금해요.**

처음엔 양치질이나 발톱 깎기에 대한 거부감을 줄이기 위해서 교육을 시작했어요. 간식 하나에 양치 한 번, 손 한 번 주면 칭찬 한 번 하면서 그저 교육에

대해 좋은 기억을 갖게 하는 목적이었죠. 처음부터 말이 잘 통하진 않았어요. 교육을 하기 위해서 간식을 꺼내면 냅다 손과 코를 내밀고 발라당 누운 채로 간식만 오매불망 쳐다 보곤 했답니다. 사랑스러운 모습에 심장이 녹아버려서 간식을 줘버렸던 경우도 많았고요. 그런 우여곡절을 겪으면서 교육에서 가장 중요한 게 뭔지 알게 됐어요. 바로 '반복' 이에요. 인내심을 가지고 반복 또 반복해서 알려줬어요. '어떻게 하면 호두에게 메시지를 잘 전달할 수 있을까?'라는 고민도 많이 했죠. 호두와 눈높이를 맞추고 교감하기 위해

서랍장 위에서 연습을 한 적도 있었어요. 그렇게 교육을 매일 반복하다 보니 점차 제 시그널을 이해하기 시작했어요. 자그마한 머리로 어떻게 하면 간식을 먹을 수 있을지 열심히 생각하더라고요.

**그런 시간들이 쌓여가면서 호두와 집사님의 관계에 어떤 변화가 생겼나요?**
눈을 맞추고 교육을 반복하면서 서로를 향한 신뢰가 두터워지는 걸 느껴요. 특히 호두가 제가 보내는 시그널을 이

해하고 반응할 때 정말 애틋한 마음이 들어요. 같은 교육을 하더라도 남편이 시그널을 보내면 협조를 잘 해주지 않는데, 저와는 확실히 손발이 척척 맞거든요. 남편은 그럴 때마다 배신감을 느낀다고 하네요(웃음). 요즘은 '허그'라는 개인기를 가르쳐주고 있어요. 제가 '안아줘'라고 말하면 호두가 안아주는 개인기죠. 어서 성공하고 싶어요. 호두가 안아줄 때마다 너무나 행복할 것 같아서요.

**마지막으로 반려묘와 집사 사이의 '교감'이란 무엇이라고**

**생각하시는지 궁금해요.**

꽤 많은 분들이 '고양이는 교육이 안된다' '사람과 교감을 할 수 없다'고 생각하시더라고요. 사실 저도 호두를 만나기 전까지는 그런 줄 알았어요. 하지만 교감을 직접 경험해 보니까 전부 틀린 생각이더라고요. 눈빛과 행동으로 보내는 시그널이면 충분해요. 언어까지도 굳이 필요없어요. 눈을 맞춘 채 천천히 양쪽 눈을 깜빡이거나, 몸통을 비비면서 골골송을 불러주는 것처럼 각자의 사랑을 각자의 표현 방식대로 전하면 되는 거죠.

묘민정음(猫民正音) : 가장 호쾌한 언어

# The Cutest Language
# In The World

고양이들의 진심을 전하러 대한민국에서 가장 말을 잘하는 고양이 호섭이가
등장했다. 백성을 위하는 마음이 담긴 한글처럼, 집사를 향한 마음이 담긴 옹
알이가 널리 퍼진다. "가~ 나~ 다~ 라~" 읊어 내려가는 호섭이의 목소리에
집중해 보자. 무심코 흘러갔던 묘어(描語)가 한 줄의 문장이 되어 펼쳐진다.

글·사진 김주영 @hoseobiiiiiii._.0410 | 에디터 최진영

**만나서 반가워요. 문밖에서부터 조잘대는 소리가 끊이질 않던데요?**

안녕하세요. 저는 호섭이를 대신해 인터뷰를 하게 된 호섭이의 집사이자 누나예요. 호섭이는 올해로 3살이 된 수다쟁이 남자 아이랍니다. 부모님에게는 뒤늦게 찾아온 막내아들이기도 하죠. 늦둥이라 그런지 엄청난 사랑을 받으며 하루하루를 보내고 있어요. 부모님은 자꾸 몰래 간식을 주셔서 아이가 밥을 잘 안 먹을 정도로 호섭이를 아끼세요(웃음). 저희 호섭이는 다양한 SNS를 통해서도 많은 사랑을 받고 있어요. 사실 SNS는 아이가 어릴 때 몸이 좋지 않아서 기록을 남겨보자는 마음으로 시작하게 되었어요. 그런데 의도치 않게 많은 관심을 받게 되어서 인플루언서 고양이가 되었네요. 누나들이 호섭이 매니저 역할을 자처하며 즐겁게 살고 있습니다.

**저였어도 호섭이에게 간식을 마구 주었을 것 같아요(웃음). 호섭이는 어떻게 사랑둥이 막내아들이 되었나요?**

그날의 날씨, 날짜까지 모든 것이 또렷하게 기억나요. 지난 2020년 5월 21일, 알고 지내는 친한 언니한테 연락이 왔어요. 고양이를 구조했는데 임시보호를 해 줄 수 있냐 물어보더라고요. 비가 굉장히 많이 오는 날이었는데 회사 주변의 산 입구에 아기 고양이가 혼자 비를 맞고 있더래요. 몇 시간이 지나도 고양이의 엄마가 나타나지 않아 구조를 했는데 주말 동안 아이를 보살필 사람이 없어 잠시 부탁한다는 내용이었어요. 영상 통화를 걸어서 아이를 보여줬는데 너무 예쁜 새끼 고양이가 빗물에 젖은 상태로 덜덜 떨고 있는 거예요. 결국 이틀만 임시보호를 해달라는 부탁을 받아들였어요. 작은 고양이가 불쌍한 모습으로 쳐다보는데 도저히 거절할 수 없었어요. 바로 가족들에게 허락을 받고, 다음 날

인 22일 호섭이를 집으로 데려오게 되었습니다. 그리고…
저희 가족은 임시보호가 아닌 '임종까지 보호'를 하게 되었
고요(웃음).

**마치 5월의 깜짝 선물처럼 가족이 되었군요.**
선물같이 찾아온 아이지만 처음엔 어려움도 있었어요. 아
기 호섭이는 잠이 많고 변비도 심했거든요. 다른 아기 고양
이들과는 다르게 점프도, 달리기도 하지 않고 무기력한 편
이였죠. 걱정이 돼서 병원에 자주 방문해 상담을 받았는데,
너무 작고 연약해서 더 자세한 진단을 받기에는 무리가 있
었어요. 그렇게 3개월 정도 지났을 무렵 의사 선생님이 전
화를 주셨어요. 아무래도 호섭이가 갑상선 기능 저하증인
것 같다고 검사를 받아보자 하시더라고요. 그 연락을 받은
날 하루 종일 일이 손에 안 잡혔어요. 모든 걸 다 제쳐두고

갑상선 기능 저하증이라는 병에 대해 온갖 사이트를 뒤지
며 검색했어요. 어떤 병인지, 현실적으로 어떤 노력들을 해
야 하는지 미리 알아보고 대비해 두려고요. 그후, 다시 병
원에 가서 여러 검사를 진행했고, 결론적으로 호섭이는 갑
상선 기능 저하증 진단을 받게 되었어요. 현실을 부정하고
싶기도 했지만 뭐 어쩌겠어요? 이미 일어난 일이니까요.
현실을 인정하고 제가 할 수 있는 일들을 하기로 했습니다.
그래도 다행인 것이 희귀병이긴 해도 매일 약을 잘 챙겨 준
다면 다른 고양이들처럼 묘생을 즐길 수 있다 하더라고요.
또 호섭이는 조기에 발견해서 빠른 처지가 가능하기도 했
고요. 처음엔 3주에 한 번씩 채혈을 하고 약 복용량을 정했
어요. 점차 수치가 정상 범위로 돌아와 현재는 6개월에 한
번씩 검사를 진행하고 있습니다.
갑상선 기능 저하증은 정말 짜증나는 병이에요. 추후 관리

를 잘 해줘야 하거든요. 게다가 호섭이는 어릴 적 칼리시(고양이의 바이러스성 질병 중 하나)와 허피스 모두 걸렸던 아이라 컨디션이 조금만 안 좋아져도 증상이 올라와서 눈이 붓고 잇몸에 염증이 생겨요. 2021년 4월에는 칼리시 때문에 생명이 위태로워지기도 했어요. 매일매일 긴장하면서 호섭이의 컨디션을 챙기고 있습니다. 조금 힘들고 지칠 때도 있지만 호섭이가 저희의 곁에서 건강하게 지낼 수만 있다면 모두 견딜 수 있어요.

**견뎌준 호섭이가 정말 대견하네요. 아이도 그 마음을 아는지 늘 "누나~" 하며 누나들을 찾는 누나 바라기라던데요?**
저희 집사들이 워낙 말이 많기도 하고, 호섭이도 말을 걸면 바로바로 반응을 해주는 편이에요. 티키타카가 된달까요? 그런 소소한 대화들을 찍은 영상들을 올렸는데 재미있는 반응이 많았어요. 더빙 아니냐, 진짜 고양이가 맞냐며 의심하시는 분들도 있었고요. 그런데 사실 저희는 매일 듣는 일상적인 목소리라 신기하다는 반응이 조금 당혹스럽기도

했어요. 우리 호섭이의 목소리를 듣고 전 세계 사람들이 신기해한다니… 옹알이가 조금 특이하긴 해도 목소리가 신기한지는 아직까지도 잘 모르겠네요(웃음). 호섭이의 인기에는 제 지분이 크다고 당당히 이야기할 수 있어요. 저는 좀 엉뚱한 생각을 자주 하는 편인데요. 호섭이의 영상을 돌려 보다 보니 뭔가 "누나~"라고 부르는 것 같더라고요. 바로 "누나~" 하는 소리들을 편집해서 영상을 만들었어요. 다행히 많은 분들이 재밌어 하더라고요. 사실 만들 때까지만 해도 그 영상이 이렇게 인기를 얻을 줄은 몰랐어요. 혼자 킥킥거리며 만든 영상이라 보는 분들도 가볍게 보고 넘어갈 거라 생각했거든요. 저와 호섭이의 합작품이 큰 사랑을 받게 되어 즐거워요.

**누나 바라기보단… 그냥 말이 많은 아이였군요(웃음).**
호섭이는 아기 때부터 정말 말이 많았어요. 화장실에서 나와 방으로 들어가는 저를 보다가 갑자기 "엑!" 하고 울기도 하고, 엄청 칭얼거리기도 하고요. 아기 때부터 "엑! 에에!"

하며 이야기했어요. 의미는 잘 모르겠지만요. 요즘엔 저와 눈이 마주치면 "하아!" 하고 크게 소리쳐요. 호섭이 특유의 바람 빠진 소리에서 톤을 조금 높인 소리랄까요? 그러곤 꼬리를 크게 올리고 살랑살랑 흔들어요. 눈만 마주쳐도 행복하다는 신호를 잔뜩 주는 거죠. 그 시그널을 보면 저도 덩달아 행복해진답니다.

**"가~ 나~ 다~ 라~" 훈민정음을 읊는 영상도 재미있었어요. 혹시 이 영상도 큰누나와 호섭이의 합작품인 걸까요?**
저와 함께 누워 있거나, 품 안에 안겨있을 때 "하… 가…" 하며 이야기해요. 자꾸 만져서 귀찮다는 것 같기도 하고, 사진을 찍지 말라는 소리 같기도 한데 잘은 모르겠어요(웃음). 아무튼 그 모습들이 귀여워서 영상으로 남겨 두었는데, 영상들을 돌려보다 보니 '이거 잘 이어보면 가나다라가 되겠는데?' 하는 생각이 번뜩 들었어요. 또 바로 영상 제작에 들어갔죠. 그렇게

'훈민정음 호섭이'가 탄생하게 되었습니다. 정말 단순하죠? 최근엔 다른 영상들로 업그레이드 버전을 계속 만들어서 게시했어요. 이제 호섭이를 검색하면 연관 검색어에 '가나다 고양이'가 떠요. 역시 호섭이는 대한민국 대표 고양이 코리안쇼트헤어가 맞나 봐요.

**호섭이와 함께하면 늘 재미있는 일이 생기네요.**
주말에는 가족 모두 집에서 각자의 시간을 보내는데요. 각자 할 일을 바쁘게 하고 있으면 호섭이가 그 정적을 깨트려요. 그러면 동시에 웃음이 터지죠. 열심히 놀다가도 옆에 아무도 없으면 이상한 소리를 내며 관심을 요구하기도 하고요. 침대에 누워 있기라도 하면 옆으로 다가와 "야!" 하고 소리치곤 방을 나가요(웃음). 하루는 화장실에서 볼일을 본 후, 대변을 묻힌 뒤에 우다다를 시작하는 거예요! 온 집안을 엉망으로 만든 호섭이를 잡아서 발과 엉덩이를 닦이는데 계속 "가야 돼!! 놔!!"라고 소리를 지르더라고요. 저 몰래

웅변 과외라도 받고 오는 걸까요? 상황에 너무 잘 어울리는 소리를 내서 너무 웃겨요.

**호섭이는 다양한 표정을 한 사진이 정말 많아요. 사진을 찍으며 박장대소를 하고 있을 누나들의 얼굴이 그려지네요.**
예쁜 표정을 한 그림 같은 사진도 좋지만, 자연스럽고 다양한 표정이 담긴 사진을 선호해요. 그런 제 취향은 특히 호섭이를 찍을 때 더 드러나는 것 같아요. 그래서 다양한 표정을 지은 호섭이의 사진이 많아요. 사랑하는 사람의 사진을 찍을 때 사진에서 '사랑'이 느껴진다고 하잖아요. 제가 찍은 호섭이 사진들이 딱 그래요.
사진뿐만 아니라 일상에서도 호섭이는 다양한 표정을 지어요. 한 번은 이런 일도 있었어요. 침대 이불보를 바꾼 날 호섭이가 이불 끝자락 부분의 냄새를 열심히 맡더라고요. 킁킁거리는 소리가 들릴 정도로 열심히요. 그러더니 입을 헤~ 하고 벌리곤 충격받은 것 같은 표정을 지었어요. 호섭이를 보곤 왜 저럴까 싶어서 엄청 웃었답니다. 나중에 알고 보니 '플레멘 반응'을 보인 거더라고요. 고양이가 기분 좋은 냄새를 맡으면 보이는 반응인데, 입을 쪽 벌리고 찡그린 표정을 짓는대요. 그 표정이 정말 재밌더라고요. 아직도 잊히질 않아요. 대체 무슨 냄새를 맡았던 걸까요(웃음)?

**호섭이의 옹알이만 듣고도 무슨 이야기를 하는지 다 알 것 같다고 하신 말씀이 기억에 남아요. 저도 저희 고양이의 눈빛만 보고도 소통한다는 느낌이 들거든요. 호섭이와는 어떤 이야기를 나누시나요?**
호섭이는 "누나, 내 옆에 있어"라는 말을 가장 많이 해요. 내뱉는 소리는 똑같지만 상황에 따라 어투를 다르게 해석할 수 있어요. 마음의 평화가 필요할 땐, "나 불안하니까 당장 내 옆에 있어줘"라고 이야기하고요. 제가 동생이랑 수다를 떨고 있을 땐 "나 빼고 둘이 뭐 하냐. 나도 끼워줘!"가 될 수

도 있어요. 상황은 달라도 같이 있어 달라는 이야기를 가장 많이 해요. 그냥 자연스럽게 아이의 목소리를 들으면 그 의미가 다 느껴져요. 가족이나 친구끼리는 서로 얼굴만 봐도 무슨 생각을 하는지 다 알 수 있잖아요. 딱 그런 것 같아요. 똑같은 "에~" 소리라도 무슨 뜻을 담고 있는지 알 수 있어요.

**호섭이와 나눈 대화 중 가장 기억에 남는 대화가 있을까요?**
호섭이는 어릴 때 변비가 심해서 고생을 많이 했어요. 유산균은 물론이고, 약도 먹이고 관장도 했지만 효과가 없었죠. 결국 배 마사지를 해서 아이의 대변을 빼냈어요. 대변이 나오지 않아 속이 더부룩하기도 하고 배가 엄청 불편했을 텐데 거기에다 계속 배 마사지를 해대니 호섭이도 무척 힘들었을 거예요. 그래도 그걸 다 참고 견디더라고요. 하루에도 몇 번씩 배설물이 항문 쪽으로 이동하게끔 배를 문질렀어요. 그때마다 호섭이는 "에…에…" 하고 울면서도 제 손길을 피하지 않고 몸을 맡겼죠. 그때 호섭이와 나눈 대화가 가장 기억에 남아요. "누나 너무 힘들지만 난 누나를 믿어." "응 호섭아 힘들지? 조금만 참아. 다 됐어. 곧이야 곧." 투정도, 불평도 모두 알 수 있었어요. 그 속뜻은 저를 향한 믿음이라는걸. 어느 날 새벽엔 끙끙거리는 소리가 들려 잠에서 깨니 호섭이가 변을 누려고 힘을 주고 있더라고요. 저는 눈도 제대로 못 뜬 채로 옆에 앉아 마사지를 해주고 배변을 할 수 있도록 도와줬죠. 지금 와서 생각해 보니 정말 전쟁 같은 육묘였네요(웃음). 성묘가 된 이후에도 속이 좋지 않나 싶으면 제가 배 마사지를 해줘요. 다른 가족들이 마사지를 하면 불편한 기색을 비추는데 제가 배를 만지면 가만히 몸을 맡겨요. 그때마다 호섭이에게 다시 한 번 감동을 받게 되고요.

**진심만을 전하는 아이네요. 그런 호섭이에게 딱 한 가지를 물어볼 수 있다면 어떤 질문을 하고 싶으신가요?**
SNS로 유명세를 치르면서 정말 많은 댓글들을 받게 되었어요. 선플도 많지만 악플도 생각보다 많은데요. 그중에서도 가장 상처가 되는 댓글은 제가 호섭이를 학대하고 있고, 아이를 상업적으로 이용한다는 말들이에요. 호섭이가 사람들에게 사랑받길 원하는 마음에서 시작한 일인데, 이런 댓글을 받으면 '내가 초심을 잃었나? 혹시 내가 정말 학대를 하고 있는 건 아닐까?' 하는 의심마저 들어요. 자기 검열도 하게 되고요. 은연중에 커진 욕심이 호섭이를 힘들게 하면 안 되니까요. 호섭이에게 지금 행복한지, 혹시 너를 위

해 했던 모든 활동들이 부담이 되진 않는지 물어보고 싶어요. 그리고 호섭이를 걱정하는 분들께도 한마디 전하고 싶습니다. 저희 가족은 그분들이 호섭이를 사랑하는 것보다 열 배 이상 호섭이를 사랑하고 있어요. 그 누구보다 호섭이를 지키고 사랑하는 사람들은 저희 가족이라는 걸 꼭 알아주었으면 해요.

**누가 뭐라 해도, 어떤 어려움이 찾아온다 해도 호섭이를 향한 진심은 누구나 알 수 있을 거예요.**
호섭이는 금지옥엽 막내아들이에요. 많은 분들이 저희 가족의 진심을 알아주실 거라 믿어요. 부모님은 매일 가족 단

체 대화방에 호섭이가 지금 뭐하고 있냐고 물어보세요. 호섭이가 잘 때는 사랑한다고 이야기를 하며 제 이불을 호섭이에게 덮어주기도 하시고요(웃음). 퇴근을 하시고 집에 들어서면서도 "호섭아~" 하며 호섭이를 가장 먼저 찾으세요. 물론 저와 작은 누나도 똑같답니다. 호섭이도 자기가 가족들의 사랑을 독차지하고 있다는 걸 아는지 가족들이 모두 모여 있으면 제일 중앙에 엎어져서 그루밍을 하거나 뒹굴뒹굴해요. 그리고 절대 혼자 시간을 보내지 않고 가족들과 늘 함께 있어요. 호섭이 덕분에 더 많이 웃게 되었습니다. 늘 행복한 하루하루를 보내고 있어요.

고양이의 생은 인간의 것보다 짧기 때문에 저보다 먼저 고양이 별로 돌아갈 수 있다는 걸 머리로는 알고 있어요. 하지만 호섭이를 너무나도 사랑하기 때문에 그 사실을 생각하면 몇 번이고 울컥하게 되네요. 호섭이가 없는 삶은 상상할 수 없어요. 그래서 매일매일 아이에게 집중하며 온 마음을 쏟고 있어요. 나중에 후회하고 싶지 않거든요. 호섭이가 고양이 별로 긴 여행을 떠나기 전까지 행복한 저희 가족의 하루하루를 많은 분들과 나눌 생각입니다. 소소하고 담백한 저희의 일상을 늘 함께해 주세요.

# A PERFECT WAY TO STEAL RABBIT'S HEART

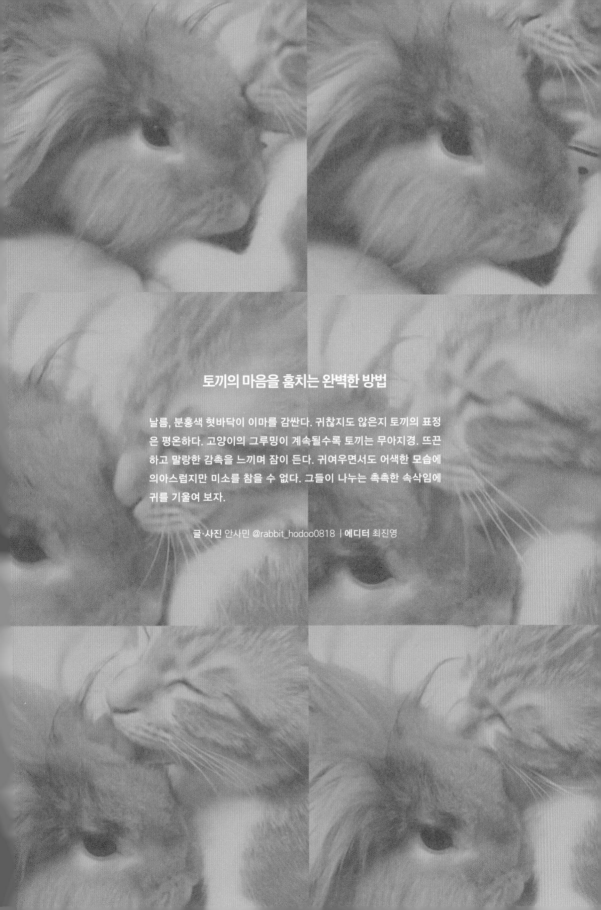

## 토끼의 마음을 훔치는 완벽한 방법

날름, 분홍색 혓바닥이 이마를 감싼다. 귀찮지도 않은지 토끼의 표정
은 평온하다. 고양이의 그루밍이 계속될수록 토끼는 무아지경. 뜨끈
하고 말랑한 감촉을 느끼며 잠이 든다. 귀여우면서도 어색한 모습에
의아스럽지만 미소를 참을 수 없다. 그들이 나누는 촉촉한 속삭임에
귀를 기울여 보자.

글·사진 안사민 @rabbit_hodoo0818 | 에디터 최진영

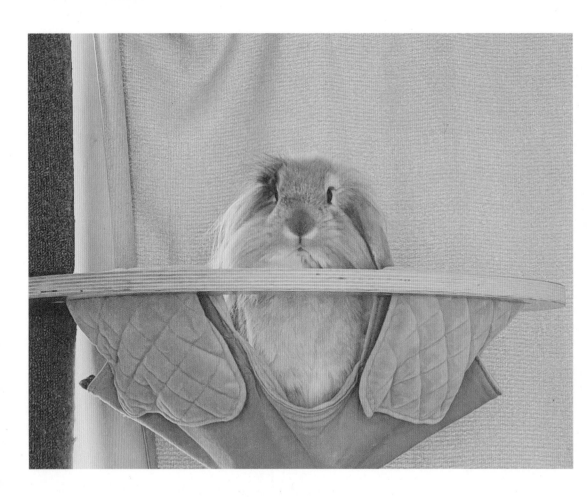

## 우리만의 언어 '그루밍'

**안녕하세요, mellow 매거진에서 취재 나왔…. 엇, 죄송해요. 그루밍 하는 모습을 보고 고양이인 줄 알았어요!**
하하, 잘 찾아오셨어요. 저희 집엔 토끼 한 마리와 고양이 세 마리가 함께 살고 있어요. 첫째 토끼 '호두', 그리고 세 고양이 '치즈' '마루' '쿠키'죠. 아이들 이름을 들으시곤 웃으시는 분들이 많은데… 먹는 걸로 이름을 지어주면 장수한다는 속설이 있어서 모두 음식에서 이름을 따왔어요.

**역시 토끼가 맞군요. 야무지게 세수하는 모습을 보고 깜박 속았어요(웃음).**
속으실 만해요. 사실 토끼와 고양이는 닮은 점이 많아요. 둘 다 깔끔한 성격이라 그루밍을 자주 하기도 하고, 헤어볼 때문에 고생을 하기도 해요. 편안하게 쉴 때는 식빵 자세를

취하는 것도 비슷해요. 사실 저도 반려하기 전까지는 이렇게 비슷한 점이 많은 줄 몰랐어요. 그래서 처음엔 치즈한테 사준 숨숨집을 호두가 쓰는 모습을 보고 많이 놀라기도 했고요. 호두는 캣타워를 정말 좋아해요. 마치 언덕을 뛰어다니는 것처럼 폴짝폴짝 뛰어올라가는데, 그 모습을 보면 호두의 숨겨 두었던 점프 본능이 캣타워를 통해 표현되는 것 같기도 합니다. 캣타워를 정복하고 당당한 모습으로 앉아 있는 호두의 모습을 보면 깜짝 놀랄 거예요.

**캣타워에 올라가고, 식빵을 구우며 시간을 보내는 토끼라니. 정말 신기한데요!**
비슷한 점이 많다 보니 재미있는 일도 많이 일어나요. 한 번은 고양이들을 위해 노즈워크 장난감을 사준 적이 있어

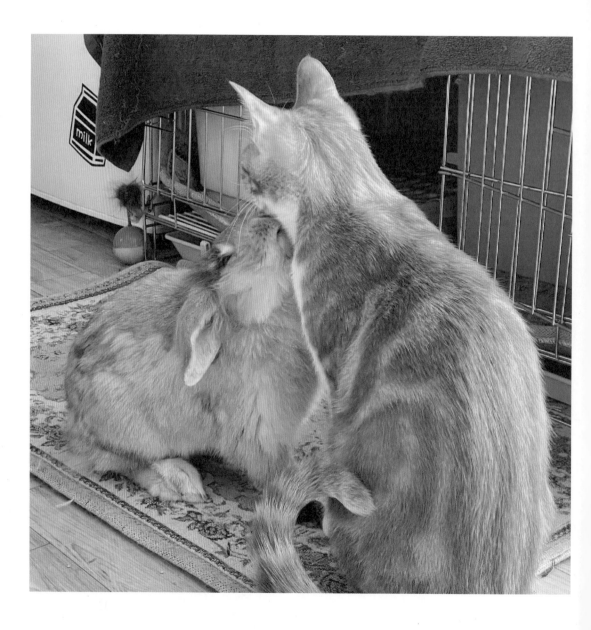

요. 역시나 고양이들은 장난감보다는 배송용 박스에 더 관심이 많더라고요. 아무도 안 써주려나 싶었는데 호두가 장난감을 가지고 노는 거예요! 작은 코로 킁킁거리면서 고양이 사료를 빼먹고(웃음)… 단백질이 많은 고양이 사료를 먹어서 그런지 모질도 풍성해지고요. 네 아이들이 같은 장난감을 사용하니 집사 입장으로서는 돈 쓸 맛이 납니다.

**호두는 세상에서 가장 고양이스러운 토끼군요(웃음).**
그 덕분에 매일 재미있는 일이 생겨요. 저는 호두와의 교감을 위해 아이의 머리를 자주 쓰다듬어 줘요. 토끼들은 서로의 머리를 쓰다듬어 주며 애정 표현을 하거든요. 그런데 그

모습을 본 고양이들이 많이 부러웠나 봐요. 앉아있으면 꼭 옆에 다가와서 쓰다듬어 달라고 졸라요. 제가 바빠 보이면 마루와 쿠키는 치즈에게 달려가 그루밍을 해달라 하기도 하고요. 그러면 치즈는 아이들을 품 안에 꼭 안고 그루밍을 해주죠. 이렇게 귀엽고 행복한 일이 끊이질 않아요.

**토끼는 서열이 낮은 쪽에서, 고양이는 서열이 높은 쪽이 그루밍을 해준다는 이야기를 들었어요. 보호자님이 생각하시기에 이 가설은 맞는 것 같나요? 그렇다면 호두가 치즈보다 서열 위…?!**
토끼들은 그루밍 받는 아이가 서열 위라고 하더라고요. 그

래서 그런지 동생인 치즈가 호두의 이마를 쓰다듬어 줘요. 가장 처음으로 반려한 아이가 호두이기도 하고, 그 후에 집으로 온 치즈를 보살펴 준 것도 호두이니까 확실히 형 대접을 해주나 봐요(웃음). 사실 토끼는 겁이 많고 신중한 성격이에요. 그래서 그런지 곁을 잘 내주지 않아요. 그런 토끼가 그루밍을 부탁하고 몸을 맡긴다는 건 상대를 완전히 신뢰한다는 거예요. 그루밍이 둘의 서열을 보여 준다기보단 서로를 향한 믿음을 보여 준다고 생각해요.

**아이들이 보호자님에게 그루밍을 해주기도 하나요(웃음)?**
세 고양이들은 저에게 그루밍을 자주 해줘요. 주로 골골송

을 부르며 손이나 팔을 핥아주죠. 호두는 가끔 저에게 '래빗 키스'를 해준답니다. 손가락을 입에 가져다 대면 손가락을 핥으며 애정을 표현하는 거죠. 사실 토끼 집사들 사이에서도 래빗키스를 경험해 본 분들이 흔치 않더라고요. 토끼들이 워낙 독립심이 강한 편이라 잘 표현을 해주지 않거든요. 그런데 호두는 매일 치즈에게 그루밍을 부탁하고, 몸을 맞대고 잠이 들어요. 그런 모습을 보면 둘은 정말 서로를 많이 사랑하는구나 싶어요.

**치즈가 호두에게 그루밍하는 사진이 유독 많아요. 호두는 치즈가 몸단장을 해줄 때 기분이 좋은가 봐요.**

앞서 이야기한 것과 같이 호두는 겁이 많아서 잘 때도 눈을 뜨고 잘 정도로 예민한데요. 치즈의 그루밍을 받을 때는 눈을 살포시 감고 둘의 교감에 집중해요. 자기의 온몸을 다 맡길 정도로 둘의 사이는 끈끈하죠. 저도 모르는 둘만의 진한 유대 관계가 있는 것 같아요. 호두는 주로 잠을 자고 싶을 때 치즈에게 다가가 그루밍을 해달라 이야기하는데요. 그럴 땐 이야기를 나누다 나란히 누워 잠이 들어요. 아무래도 겁이 많은 성격이니, 든직한 치즈와 잠에 들고 싶나봐요. 호두에게 치즈의 그루밍은 엄마의 자장가 같은 걸 수도 있겠네요.

**토끼와 고양이가 같이 늘어져서 잠을 자고, 놀기도 하는 모**

**습이 신기해요.**

아이들을 반려하기 전 토끼와 고양이에 대해 많이 공부를 했어요. 생각보다 비슷한 습성도 많기도 하고 둘 다 시니컬한 성격이라 함께 생활하는 것도 좋을 것 같더라고요. 그렇게 아기 고양이 치즈를 입양하게 되었죠. 두 아이는 생각보다 쉽게 친해질 수 있었어요. 치즈가 저와 호두를 좋아하기도 하고, 호두도 알아서 치즈에게 영역을 양보하더라고요. 운이 좋았다 싶어요(웃음). 그래도 아이들이 안정되기 전까지는 일부러 회사를 집 근처에 구해서 점심시간마다 아이들을 챙겼어요. 걱정과 다르게 아이들은 친해질 수 있었답니다. 모두 아이들이 많이 도와준 덕분이에요.

**두 아기 고양이가 호두의 곁에 함께하는 모습이 동화 같아요.**

호두와 치즈가 가족이 된 지 일 년 정도 후에 두 동생이 생겼어요. 쿠키는 처음 집에 왔을 때부터 치즈를 굉장히 좋아했어요. 호두도 그런 쿠키가 귀여운지 냄새를 맡곤 했죠. 오히려 저와 친해지는데 시간이 가장 오래 걸렸어요. 길고양이 출신이기도 하고, 병원에서 진료받을 때 의사 선생님이 너무 무서웠는지 사람을 별로 좋아하지 않았거든요. 마루는 쿠키를 데려온 지 얼마 안되었을 무렵에 만나게 되었어요. 담벼락에 갇혀 있던 마루를 직접 구조했죠. 처음엔 다른 아이들이 있으니 마루는 임시보호만 하자 생각을 했는데요. 데려온 날부터 아이들과 잘 어울려 지내기도 하고, 입양을 보내자니 정이 들어서… 반려하기로 했습니다(웃음). 두 아기 고양이는 호두를 처음 봤을 때 조금 낯을 가렸어요. 막상 호두는 아이들을 아무렇지도 않게 대하더라고요. 치즈와 호두가 좋은 모습을 보여줘서 그런 건지 아이들도 빠르게 적응할 수 있었어요. 같은 고양이인 치즈가 친근하게 호두를 대하니 믿음이 갔나 봐요. 얼마 되지 않아 같이 잠도 자고 그루밍도 해주며 친하게 지내더라고요. 치즈의 도움이 없었다면 이렇게 빨리 가족이 될 수 없었겠죠?

**토끼, 고양이 그리고 사람. 모두 다른 언어를 가진 가족인데요. 가족들이 함께 사용하는 공용어가 있다면 무엇일까요?**

저희 가족은 말보다 행동으로 서로를 향한 마음을 보여줘요. 그루밍을 하며 작게 진심을 속삭이죠. 저희 가족은 온 가족이 다 함께 누워 잠을 자는데요. 제가 누워있으면 아이들이 주변으로 자리를 잡아요. 자리를 잡고 서로에게 그루밍을 해주고, 온기도 느끼며 잠이 들어요. 그 모습을 보고 있으면 마음이 평화로워진답니다.

# A Naughty Girl
# In My Family

## 우리 집엔 라쿤이 산다

선글라스를 쓴 큰 눈, 매력 넘치는 동그란 몸매의 소유자, 라쿤이 기세등등하게 등
장한다. 모두의 이목이 집중될 것이라 예상되는 순간이지만 두 고양이는 심드렁한
표정을 지을 뿐이다. 라쿤의 애정 공세에도, 발랄한 애교에도, 돌아오는 것은 무심
한 냥냥펀치 뿐. 개구쟁이 라쿤의 하루는 오늘도 시끌벅적하게 흘러간다.

글·사진 김유진 @raccoon_uuu | 에디터 최진영

## 천방지축 둘째의 성장기

**안녕하세요. mellow 첫 라쿤 인터뷰이네요.**

첫 라쿤이라니, 영광이네요! 인터뷰의 주인공 '개똥이'는 올해로 3살이 된 라쿤 소녀랍니다. 이름처럼 개성 넘치고 유쾌한 아이예요. 사랑둥이 둘째답게 온 가족이 다 함께 있는 순간을 가장 좋아해요. 매일 장난을 치고 애교를 부리는 개구쟁이기도 해요. 놀아주지 않으면 서운한 티를 팍팍 내서늘 눈치를 봐야 하고요. 또 얼마나 평화를 사랑하는지 장난으로 싸우는 척만 해도 불같이 화를 낸답니다. 군기반장이자 오락부장 둘째 덕분에 저희 집은 조용할 날이 없어요.

**둘째, 군기반장, 오락부장… 개똥이네 집은 서열 1위는 개똥이군요.**

맞아요. 온 집안을 돌아다니며 여기저기 참견을 해요. 레옹이도 두 손 두 발 다 들었다니까요? 첫째 '레옹이'는 개똥이와 달리 조용하고 침착한 편이거든요(웃음). 레옹이는 어릴

때부터 돌봐주던 길고양이 중 한 마리였는데 우연한 계기로 저희 가족이 되었습니다. 어릴 때부터 길과 집을 오가며 생활하던 아이라 종종 마당까지 나와 인사해 주기도 해요. 가족들이 모두 잠든 늦은 시간에도 레옹이만은 저를 기다리죠. 이렇게 다정하고 듬직한 아이인데… 말괄량이 개똥이 때문에 남모를 고민이 많을 거예요.

**가족이 되자마자 개똥이가 온 집안을 장악했네요.**

독특한 매력으로 온 가족을 휘어잡았죠. 애교뿐만 아니라 에너지까지 넘치는 아이라서 저희 집을 휘어잡는 건 일도 아니었을 거예요. 손바닥만 한 아이가 어쩌나 기운이 넘치던지…. 계속 떨어지면서도 케이지를 오르고, 쿠션에 올라가 보겠다고 아등바등하기도 하고요. 어릴 때부터 끈기 하나는 최고였죠. 또 목청은 얼마나 좋은지 몰라요. 개똥이가 레옹이에게 심한 장난을 칠까 봐 개똥이를 들어서 옮기는

데, 그 순간 아이가 놀랐나 봐요. '나 놀랐잖아!' 하고 외치듯이 소리를 빽 지르는데 웬만한 사이렌보다 소리가 더 크더라니까요. 조그만 녀석이 한 성질 하죠?

**레옹이 입장에선 개똥이가 얄미울 법도 할 것 같아요. 다들 장난꾸러기 동생 때문에 화가 난 경험이 한 번씩은 있잖아요(웃음).**
사실 개똥이가 처음 집에 올 때 레옹이는 12살이었어요. 심지어 개똥이가 워낙 발랄한 아이라 레옹이가 힘이 들진 않을까, 스트레스 받진 않을까 걱정이 많았어요. 그런데 두 남매는 제 걱정이 무색해질 정도로 잘 지내더라고요. 오히려 개똥이가 집에 온 뒤로 레옹이가 점점 회춘을 하는 것 같아요(웃음). 같이 웃고 떠들며 밝은 에너지를 잔뜩 받았나 봐요.

**어찌나 사이가 좋은지, 서로를 부르는 시그널도 있다면서요.**
레옹이는 개똥이가 살살 쓰다듬어 주는 것을 좋아해요. 개똥이의 방 앞에 앉아서 쓰다듬어 달라고 이야기해요. 그러면 개똥이는 얼른 달려가 오빠를 부드럽게 쓰다듬어 주죠. 또 개똥이는 레옹이를 아련한 눈빛으로 쳐다보며 "너랑 놀고 싶어!"라고 이야기해요. 눈빛도 통하지 않는다면 손을 쓱 뻗어 아이를 살짝 쓰다듬죠. 레옹이도 개똥이의 장난에 늘 화답해 준답니다. 그러다가도 너무 장난이 심해지면 냥냥펀치를 날리고요. 처음 냥냥펀치를 맞은 날에 개똥이가 얼마나 서운해했는지 몰라요.

**냥냥펀치를 날리며 개똥이를 말리는 이유를 알 것 같아요. 늘 사건 사고가 끊이질 않잖아요(웃음).**
그래도 이전보다 성숙해진 태가 나요(웃음). 모두 레옹이의 숨은 노력 덕분이죠. 놀아달라고 이야기를 하면 놀아주고, 졸리다고 이야기를 하면 옆에서 재워주고, 너무 심한 말썽을 부리면 냥냥펀치를 날려 훈육하기도 하고… 생각해 보니 정말 고생을 많이 했네요. 개똥이는 레옹이에게 혼이 나기도 하고, 가끔 놀아주지 않아서 서러워하기도 하지만 그래도 오빠가 세상에서 제일 좋은가 봐요. 캣타워도, 캣휠도, 낚싯대도 오빠가 하는 건 자기도 모두 다 해봐야 직성이 풀리는 것 같아요. 레옹이가 박스에 들어가면 그 작은 박스에 같이 몸을 구겨 넣어요. 그러면 레옹이도 슬쩍 몸을 비켜 개똥이가 들어갈 자리를 마련해 주죠. 두 아이는 다 찢어져 버린 박스 안에 앉아 행복한 미소를 짓고 있고요.

**그런데 개똥이도 못 당하는 최고의 장난꾸러기가 나타났다고 하던데요?**
'체리'가 그 주인공이랍니다. 체리는 레옹이 덕분에 가족이 될 수 있었어요. 언젠가부터 레옹이가 저희 집 뒷마당에서 나오질 않았어요. 한 곳을 응시하고 그 자리를 지키고 있었죠. 알고 봤더니 나뭇 가지 속에 아기 고양이가 숨어 살고 있었어요. 레옹이는 그 옆에서 아기를 보호해 주고 있었던 거고요. 더 이상 새 가족이 생기지 않을 것이라 생각했는데, 아기 고양이를 세심히 보살피며 챙기는 모습을 보니 도저히 외면할 수 없었어요. 어떻게 생각하면 레옹이가 이 아이를 도와줘야 한다고 뒷마당에서부터 시그널을 보낸 것 같기도 하네요.

**그동안 집안을 호령하던 개똥이에게 일생일대의 라이벌이 나타난 것 같네요.**
개똥이에겐 라이벌일지 몰라도 길에서 생활하던 체리에게 개똥이는 어리바리한 라쿤일 뿐이에요(웃음). 개똥이가 처음 체리를 쓰다듬어 주려 할 때 바로 냥냥펀치를 날리더라고요. '어디서 감히!'라는 표정으로 재빠르게 주먹을 날렸죠. 그 날렵한 주먹은 평생 잊을 수 없어요. 그래도 이제는 한 가족이 되어 매일 같이 즐거운 시간을 보내고 있어요.

**아웅다웅 다투기만 하는 아이들인 줄 알았는데, 체리에게 흔쾌히 식사를 양보하는 모습을 보고 깜짝 놀랐어요.**
저도 그 모습을 보고 깜짝 놀랐어요. 개똥이는 매일 아침 식사를 챙겨 먹어요. 제시간에 식사를 준비하지 않으면 물통을 떨어트려서 불만을 표현하고, 큰 소리를 내면서 저를 깨울 정도로 아침 식사에 예민하죠. 그런데 체리가 다가와서 자신의 식사를 뺏어 먹는데도 아무 말 없이 밥을 나눠 먹는 거예요. 식사를 하고 있는 체리를 보며 얌전히 자신의 차례를 기다리는데 그 모습이 정말 기특했어요. 아마도 레옹이에게 내리사랑을 배운 것 같아요. 레옹이도 매번 개똥이에게 간식, 장난감, 식사 모두 양보해 주었거든요. 큰 오빠가 천방지축 동생을 데리고 가서 "막내에게 잘 해주어야 한다"라고 특별 교육을 시켜주었나 봐요(웃음). 아직 가장 좋아하는 장난감을 빼앗기는 건 조금 힘들어 하지만, 언젠가 개똥이도 레옹이 같은 듬직한 언니가 되겠죠?

**뉴페이스의 등장에도 관대한 모습을 보이는군요. 역시 서열 1위 개똥이다워요.**
개똥이는 언제나 레옹이와 체리에게 애정공세를 퍼부어요. 그러면 두 아이들은 짐짓 귀찮아하면서도 개똥이의 표현을 모두 받아줘요. 냄새를 맡는 것도 살살 쓰다듬는 것도 사랑한다고 이야기하는 방법 중 하나라는 걸 아는 것 같아요. 이런 모습을 보면 개똥이는 서열 1위가 맞네요. 두 고양이들이 라쿤의 언어를 이해하게 되었잖아요(웃음).

# 사랑 없이 사랑을 말하는 일

어느 해 초여름에 친구를 따라 시 창작 수업을 들었다. 첫 시간, 목이 길고 목소리가 다감한 시인이 말했다. "'사랑'이라는 단어 없이 사랑을 표현하는 것, 그게 시의 일입니다." 이 말을 듣고 나는 즉시 내 고양이 들을 떠올렸다. 사랑이라는 단어를 쓰지 않고 사랑을 표현하는 것, 그 거야말로 고양이가 가장 잘하는 일 아닌가 하면서.

고양이 둘, 사람 둘. 총 넷이서 11년째 살고 있다. 어느 결에 시간이 이렇게 흐른 것인지 어리둥절하다. 어느덧 내 눈가에는 깊은 주름이 자리 잡았고, '반냐'의 터럭에는 곳곳에 희끗한 털이 보인다. 이 11년이라는 시간 동안 무얼 했냐고 묻는다면 이렇게 답할 수 있을 것이다. 네 번의 이사를 했고, 여러 차례 이직을 했으며, 책 한 권을 썼다고. 그렇지만 이건 다분히 인간의 관점이다. 고양이적 관점에서 다시 답하기로 한다. 나는 11년 동안 지극한 사랑을 배웠다.

첫째인 반냐는 다른 곳에서 파양 된 고양이였다. 둘째 '애월'은 제주도 애월읍에서 넉살 하나로 치킨집 부속 고기를 얻어먹는 길고양이였다. 반냐는 버려지기 직전에 입양했고, 애월은 야생성이 없어 밖에서 생존이 어려울 거라는 수의사의 말에 집으로 데려왔다. 두 녀석을 차례로 거두며 생각했다. 늘 곁에 있어주자고. 기다려주자고. 넉넉한 마음을 주자고. 그런데 정작 늘 곁에 있어준 것도, 기다려준 것도 내가 아니라 반냐와 애월이었다.

고양이들이 있어 버텨지던 나날을 떠올려본다. 회사를 다니던 시절, 밥 먹듯 야근하던 시기를 무탈하게 넘길 수 있었던 건 내 발소리를 기억하고 매일 현관으로 달려 나오는 애월이 있어서였다. 애월은 한밤중이든, 새벽이 다 된 시간이든 나를 보기 위해 꼬리를 한껏 올리고 뛰어나왔다. 그 모습을 보고 있노라면 손가락 까딱하기 힘들 정도로 지쳐 있어도 웃을 수 있었다(결국 나는 건강과 저녁이 있는 삶을 위해 그 업계를 떠났고 라디오 작가로 살게 된다. 아직까지도 후회는 없다).

글·사진 이은혜 @gracefulll / 말과 글을 어루만지는 라디오 작가. 책 『쓰지 못한 단하나의 오프닝』을 썼다. 불온하거나 낭만적인 생각을 즐겨 한다.

오랜 고질병인 불면증이 심해진 시기에도 내 곁에는 고양이가 있었다. 새벽 네 시쯤 잠드는 걸 포기하고 침대에서 일어나 집안을 서성일 때면 눈도 제대로 못 뜬 반냐가 어느 틈에 다가와 내 발목에 머리를 비볐다. 그럴 때면 나는 미안함 반, 안도감 반으로 쪼그려 앉아 반냐의 눈에 매달린 눈곱을 떼어주고는 했다. 반냐는 내가 서성대기를 멈추고 소파에 앉으면 얼른 올라와 내 몸에 몸을 붙이고 다시 잠이 들었다. 규칙적으로 오르내리는 고양이 배를 보다 까무룩 잠이 드는 날도 있었고, 끝내 잠들지 못하고 멍하니 아침을 맞게 되는 날도 있었다. 불면과 피로의 나날을 보내며 확실히 알게 된 건 이거다. 어떤 존재는 그저 존재함으로 긴긴밤을 버틸 만하게 해 준다는 것.

실은 이 글을 쓰는 지금도 애월은 내 뒷모습이 보이는 선반에 자리를 잡고 낮의 절반은 잠으로, 나머지 절반은 나를 바라보는 것으로 시간을 보내고 있다. 애월은 내가 집에서 일을 할 때면 수호신처럼 주변을 지킨다. 가끔 뒤돌아보며 애월, 하고 이름을 부르면 잠시 시선을 마주하다 이내 눈을 가늘게 뜨고 갸르릉거리는 소리를 들려준다. 아쉬움도 무엇도 없이, 그저 나와 한 공간에 있으면 족할 뿐이라는 듯. 이것이 사랑이 아니라면 무엇이 사랑인지 나는 알지 못한다.

어느 해 초여름에 시 창작 수업을 들었던 이유는 사실 시를 쓰고 싶어서가 아니었다. 시를 좋아하는 누군가가 궁금해서였다. 시를 쓰는 마음, 시를 오래 품는 마음 같은 것들이 궁금했다. 시에 무지한 내게는 없는 재능이라 여겼다. 그런데 목이 긴 시인의 말처럼 시라는 게, 문학이라는 게 '사랑이라는 단어 없이 사랑을 표현하는 일'이라면 나는 이미 그 세계를 알고 있었던 셈이다. 작고 거대한, 위대하고 하찮은 나의 수호신. 고양이라는 시(詩)적 존재와 살고 있었으니까.

# 나의 긴 이야기

어느덧 삶의 일부가 된 존재. 변함없이 곁에 있는 반려묘를 바라보다 문득 겁이 났다. 긴 시간, 함께 나눠왔고 또 나눠갈 수많은 감정이 '말'이 아니라는 이유로 전부 잊혀지는 건 아닐까. 그렇게 그림일기로 남기기 시작한 하루하루가 모여 한 권의 책이 됐다. 17년째 함께하는 고양이 '긴(ぎん)'과의 교감을 담은 『나의 긴 이야기출판사 더모던』의 저자, 오야마 미스즈(大山美鈴)를 만났다.

**안녕하세요, 작가님과 책의 주인공인 고양이 긴을 한국의 mellow 가족분들께 소개해주세요.**

하지메마시테(はじめまして), 오야마 미스즈입니다. 미술작가로서 개인전을 열고, 굿즈 디자인, 그림책 출간 등을 하고 있어요. 반려묘 '긴'은 회색 얼룩무늬에 귀 끝이 뾰족한 고양이입니다. 2005년 9월 중순의 어느 날 밤, 여동생이 갑자기 데리고 왔어요. 친구 집 앞에 놓인 상자 안에 있었대요. 생후 10일 정도 된 아기 고양이였죠. 긴이라는 이름은 어머니가 붙였는데, 일본어로 은(銀)을 의미합니다.

그 뒤로 긴 시간이 흘렀어요. 긴의 나이는 17살하고도 9개월. 세 달 뒤면 18번째 생일 - 태어난 날로 추정되는 9월 11일 - 을 맞이합니다. 그 사이 긴이라는 이름도 원래 뜻은 잊혀지고 그저 '긴짱'이라는 호칭으로만 남아 있지요.

**인간과 고양이는 직접적인 의사소통이 불가능하죠. 언어가 아닌 감각과 마음으로 느끼며 유추할 뿐… 긴과의 교감은 말이 아니라서, 전부 잊힐까 겁이 나서 긴과의 추억을 그리기 시작하셨다는 말이 인상적이었습니다.**

긴짱과의 하루를 처음 그린 건 2014년 8월 8일이었어요, 긴짱이 여덟 살 때였죠. 그렇게 모인 그림일기와 에세이를 모아서 2019년 일본에서 『긴짱과 나(ぎんちゃんとわたし)』라는 제목으로 출간했고, 이듬해 한국어로 번역된 『나의 긴 이야기』가 나왔습니다. 한국어판이 나오고 긴짱의 이름이 한국어로 '길다'라는 의미도 갖고 있는 사실을 알게 되었어요. 두 가지 뜻으로 읽힌다는 사실이 재미있었습니다. 그림일기는 지금도 '오늘의 긴짱(今日のぎんちゃん)'이라는 제목으로 SNS에 업데이트를 하고 있어요.

**긴짱이 작가님의 첫 고양이였기 때문에 초반에는 초보 집사로서 우왕좌왕하는 일이 많았을 것 같아요.**

처음 긴짱이 우리집에 왔을 때 동생의 친구가 밥을 주는 방법이나 화장

글·그림 Oyama Misuzu twitter@misuzuoyama | 에디터 박재림

실 사용법 등 기본적인 것들을 알려주었어요. 그래도 모르는 것이 훨씬 많았죠. 어렸을 때 긴짱은 야옹야옹 울 때 가까이 가서 관심을 주지 않으면 옷이나 책에 오줌을 싸버리는 일이 종종 있었어요. 외로움을 많이 타는 건가 싶어서 울면 곧바로 가서 놀아주거나 바닥의 것을 얼른 치우곤 했는데 효과가 없었죠. 화장실이 문제인가 싶어서 다양한 모래를 시험해보고 화장실 상자를 큰 것으로 바꿔봤더니 더 이상 다른 곳에 오줌을 싸지 않더라고요. 긴짱은 계속 시그널을 보내고 있었는데 제가 그 의미를 너무 늦게 헤아린 거예요. 일찍 눈치채지 못해서 미안했어요. 지금도 그때 생각이 자주 떠올라요.

여러모로 연구를 했지만, 여전히 알 듯 모를 듯입니다. 의미를 파악하기까지 시간이 조금씩 짧아지고 있는 것 같기는 해요. 앞으로도 긴짱이 무언가를 말할 때 작은 것이라도 놓치고 싶지 않아요.

**오랜 시간 함께하면서 '이건 확실하다'라고 말할 수 있는 긴짱의 시그널, 혹은 작가님과 긴짱만이 공유하는 표현이 있나요?**

지난날 동안 저희 사이에 만들어진 비밀스러운 언어 같은 루틴이 몇 가지가 있어요(시기에 따라 달라지기도 해요). '집에 돌아와 소파 위에 다리를 뻗고 있으면 그 위로 긴짱이 앉는다' '긴짱이 창가에서 커튼 위쪽을 보고 우는 것은 캣그라스가 필요하다는 의미(거기 캣그라스가 있거든요)' '침대에 올라올 때는 두 가지 의미가 있다. 나의 왼쪽으로 오면 쓰다듬어 달라는 의미, 오른쪽으로 오면 이불 속으로 들어가고 싶다는 의미' 정도인 것 같아요. 이외에도 깜짝 놀란 표정, 꼬리의 움직임 등 굉장히 사소한 변화에 따라 전해지는 시그널이 있기 때문에 긴짱을 잘 살펴봅니다.

**책 속 그림일기 중 작가님이 눈(시각)이 아닌 촉각으로 긴짱의 상태를 느끼는 컷이 인상적이었어요. 다른 감각에 비해서 촉각은 아무래도 모호할 수밖에 없으니까요. 눈으로 보지 않아도 촉각만으로 알 수 있는 사이란 어떤 관계일까, 하는 생각이 들었습니다.**

우리 인간은 시각 의존도가 상당히 높죠. 또 만화는 눈으로 보는 것만 그릴 수 있고요. 그렇지만 저는 눈에 보이지 않는 것도 그리고 싶어요. 보통의 경우, 시각의 영향력이 가장 크기 때문에 그 외 다른 감각들은 평소에는 흐려져 있어요. 하지만 어둠 속에서는 다른 감각들이 조금 더 명확해지는 것 같아요. 애매할지도 모르겠지만 저와 긴짱의 소중한

순간이었고, 언젠가 꼭 그림으로 남기고 싶다고 생각한 장면이었어요. 그래서 그 컷이 인상적으로 느껴졌다는 감상이 저에겐 남다른 기쁨으로 다가옵니다.

**긴짱의 고로고로(ゴロゴロ)를 들으면서 – 한국에서는 고양이가 목으로 골골 소리를 내는 것을 노래에 비유해서 '골골송'이라고 부른답니다 – 작가님께서 '나도 그런 소리를 내고 싶다'고 생각하는 컷, 작가님 배에서 '꼬르륵' 소리가 나자 묘한 동질감이 느끼는 컷이 재미있고 귀여웠어요. 긴짱도 작가님의 배에서 나는 꼬르륵 소리에 사랑을 느꼈을까요?(웃음)**

과연 어떨까요? 저도 궁금하네요! 고양이는 자신이 골골거리는 소리가 들리지 않고 진동만 느낀다고 들었어요. 제 배에서 나는 꼬르륵 진동은 가끔씩만 울리지만, 그것으로 인해 긴짱이 뭔가 좋은 기분이 든다면 기쁠 것 같아요.

그나저나 '골골송'은 굉장히 귀여운 표현이네요. 한국에서 고양이가 귀를 눕힌 것을 '마징가 귀'라고 표현한다고 들었는데 일본에서는 '오징어 귀'라고 말하는 사람을 몇 명 봤어요. 그 모양이 오징어 지느러미(?)와 비슷해서 생긴 표현이 아닐까 싶어요.

**책의 저자인 동시에 미술작가로 활동하는 작가님이신데요, 긴짱의 존재와 교감이 작품 세계에도 영향을 끼치고 있을까요?**

창작을 한다는 것은 항상 무언가로부터 영향을 받고 있다는 뜻이기 때문에, 긴짱의 존재도 물론 영향을 미치고 있다고 생각합니다. '긴짱이 가까이서 지켜봐 주기 때문에 열심히 할 수 있어'라는 것도 그 중 하나예요.

평소에는 긴짱과 함께 시간을 보내는 것 자체가 중요하기 때문에 그다지 의식을 하지 않지만 가끔씩은 '그리기 위해서' 긴짱을 관찰하는 시간이 생겨요. 그림은 퍼즈(Pause) 상태가 필요하기 때문에 긴짱을 바라보는 새로운 시점이 생겼다고 말할 수 있을 것 같아요.

**긴짱의 생일마다 만드시는 축전(祝電)이 예뻐요. 책에도 수록된 긴짱의 10번째 생일 축전이 특히 기억에 남습니다. 긴짱이 취하는 여러 자세가 'happy birthday' 스펠링으로 표현된 부분이요! 사실 긴짱은 평소에도 몸으로 문자를 만들어서 집사인 작가님께 메시지를 보내고 있는 건 아닐까 하는 생각이 들었어요.**

긴짱의 모든 움직임에서 무언가를 알아차릴 수 있다고 생

각해요. 그렇기 때문에 말씀하신 긴짱의 여러 자세 역시 하나의 글자라고 봐도 좋지 않을까 싶네요. 함께 있는 것 전부가 커뮤니케이션이라고 생각합니다.

**작가님은 긴짱과의 일상을 그렸고, 그것이 책이 되었습니다. 그 책에 일본 전국의 고양이 집사들이 공감하게 되었어요. 그리고 한국까지 번역되어 한국의 고양이 집사도 책을 보면서 공감하고 있습니다. 긴짱과 작가님의 교감이 다른 고양이 집사들 사이 소통의 매개체가 된다는 사실이 의미심장해요.**

때로는 제가 외부에 전달하려고 한 메시지보다, 내면에 깊게 다가오는 굉장히 개인적인 메시지가 사람들에게 와 닿는 경우가 있다고 생각합니다.

## 고양이와 상자

말이란 상자와 같다. 분명 존재하긴 하지만 내 머릿속에 들어 있어서 나밖에 꺼내지 못하는 그 몽글몽글한 모호한 상(象)을, '말'이라는 상자에 넣으면 어딘가의 누군가에게 전달할 수 있다.

...

그런데 긴의 말은 상자에 담겨 있지 않다. 그냥 소리를 낼 뿐이다. 소리에 실린 미지의 의미는, 주변 상태나 몸짓, 표정과 목소리의 색깔을 통해 서서히 희미한 형체로 떠오른다. 그러면 나는 '놀고 싶다는 뜻일 거야'라거나 '문을 열어 주었으면 하는구나' 하는 상자를 만든다. 이처럼 긴의 말은 정확히 옮길 수가 없어서 불확실하고 두려운데, 그만큼 잘 보고 듣고 기억하려고 애쓴다. 복잡해서 전해지지 않을 때도 있고 전달 과정에서 실수가 있기도 하지만, 가끔은 그런 시간이 정말 좋다.

...

이런 생각들에 잠겨 있노라면, 긴이 빈 상자에 슬쩍 들어갈 때마다 무언가 매우 적절하다는 느낌이 든다. 나와 긴 사이에 있는 소리는 모두 커다란 하나의 상자에 넣을 수 있는 것일지도 모른다.

*'나는 긴을 좋아한다.'*
이 한 문장이 이 커다란 상자의 이름일 것이다.

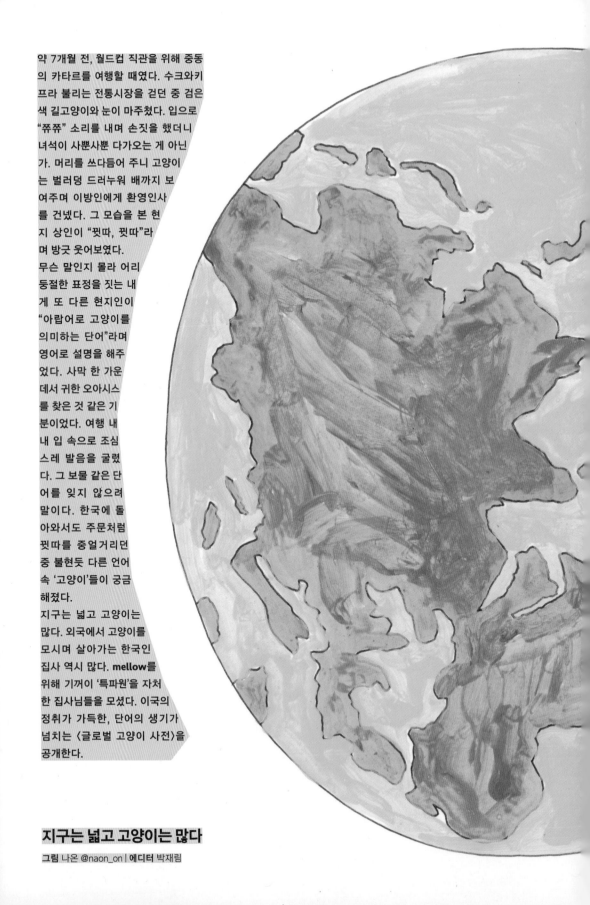

약 7개월 전, 월드컵 직관을 위해 중동의 카타르를 여행할 때였다. 수크와키프라 불리는 전통시장을 걷던 중 검은색 길고양이와 눈이 마주쳤다. 입으로 "쮸쮸" 소리를 내며 손짓을 했더니 녀석이 사뿐사뿐 다가오는 게 아닌가. 머리를 쓰다듬어 주니 고양이는 벌러덩 드러누워 배까지 보여주며 이방인에게 환영인사를 건넸다. 그 모습을 본 현지 상인이 "낏따, 낏따"라며 방긋 웃어보였다. 무슨 말인지 몰라 어리둥절한 표정을 짓는 내게 또 다른 현지인이 "아랍어로 고양이를 의미하는 단어"라며 영어로 설명을 해주었다. 사막 한 가운데서 귀한 오아시스를 찾은 것 같은 기분이었다. 여행 내내 입 속으로 조심스레 발음을 굴렸다. 그 보물 같은 단어를 잊지 않으려 말이다. 한국에 돌아와서도 주문처럼 낏따를 중얼거리던 중 불현듯 다른 언어 속 '고양이'들이 궁금해졌다. 지구는 넓고 고양이는 많다. 외국에서 고양이를 모시며 살아가는 한국인 집사 역시 많다. mellow를 위해 기꺼이 '특파원'을 자처한 집사님들을 모셨다. 이국의 정취가 가득한, 단어의 생기가 넘치는 〈글로벌 고양이 사전〉을 공개한다.

# 지구는 넓고 고양이는 많다

그림 나온 @naon_on | 에디터 박재림

# ねこ

**일본어 네코**

일본 도쿄에서 거주 중인 저희 가족에게는 네코(ねこ), 그러니까 고양이가 둘 있어요. '소라'와 '하루' 입니다. 소라는 일본어로 하늘(空), 하루는 봄(春)이라는 뜻이에요. 일본엔 고양이 반려인을 가리키는 표현 중에 게보쿠(下僕), 한국말로 '하인'이 있는데요, 저는 아직 실제로 사용하는 사람은 본 적 없어요. 보편적으로 쓰이는 표현은 아닌 듯 합니다.

'猫の手も借りたい고양이 손이라도 빌리고 싶다'는 일본 속담이랍니다. 인간의 부탁을 순순히 들어줄 리 없는 고양이의 도움이나마 받고 싶다니… 고양이를 키우고 있거나 키워 본 사람이라면, 얼마나 바쁜 상황인지 상상이 가실 거예요.

사실 저는 '고양이는 불길하다'는 근거 없는 선입견을 품고 있던 사람인데 소라와 하루를 식구로 맞이한 뒤 지금은 우리 집에서 가장 고양이를 사랑하는 이가 되었답니다. 무릎 위에 올라온 고양이 등에 책을 얹고 읽을 때는 정말 천국이 따로 없습니다. 고양이 손이 아니라 등을 빌리고 있네요, 하하. 지금까지 도쿄에서 소라 하루 엄마였습니다.

# cat

**영어 캣**

안녕하세요! 미국 시애틀에 사는 고양이 오레오&바닐라 집사 Chloe라고 해요. 레인 시티(Rain City)로 알려진 시애틀은 1년에 절반은 비가 내리는 곳이랍니다. 그만큼 해도 덜 뜨고 어두운 날들이 많아요. 그러다 보니 집에서 일을 하다 축 쳐질 때가 있는데요. 그럴 땐 따뜻한 차 한 잔 마시고 레오랑 바닐랑 잠깐 낮잠을 자면 기운이 되살아 나더라고요! 이럴 때 쓰는 재미있는 영어 표현이 있어요. 'Cat napping(캣 내핑)'이라는 표현인데요. 고양이는 하루 중 15분에서 1시간 사이로 짧게 여러 번 잠을 잔다고 해요. 고양이들이 얕게 자는 것에 비유해 쪽잠이나 낮잠을 이렇게 표현하고들 한답니다. 여러분도 비가 오는 축 처지는 날, 레오와 바니처럼 Cat nap을 해보는 건 어떨까요?

catnapping

猫

**중국어 마오**

중국에서 3년 간 고양이 모모를 모시다가 최근 귀국한 조민지라고 합니다. 중국에는 고양이와 반려인을 가리키는 표현이 많은데요, 재미있는 몇 가지를 소개할까 해요. 바로 主子(주쯔)와 猫奴(마오누)인데 한국말로 하면 '주인님'과 '고양이의 노비'라는 뜻이에요. 한국처럼 중국도 고양이는 주인이고 사람은 모시는 집사라고 생각하는 것이 재미있었답니다.

屎官(찬식관) 역시 고양이 반려인을 뜻하는 말인데 풀이하면 '똥 푸는 관직'이라고 합니다(웃음). 마지막으로 한국에서 '땅콩'이라고 부르는 '그것' 아시죠? 중국에서도 알(蛋)을 뜻하는 한자를 써서 蛋蛋(딴단)이라고 표현한답니다. 귀엽죠?

**모로코 아랍어 까뜨**

살람 알리쿰! 저는 북아프리카의 모로코에서 고양이 '파트라슈'와 함께하는 김지선입니다. 모로코 아랍어(데리쟈)로 고양이는 Qatte(까트)입니다. 영어 Cat과 비슷한 느낌이죠. 이곳은 '고양이의 천국'으로 불릴 만큼 고양이가 많은데요, 집 주변에서 고양이를 챙기거나 길냥이를 집으로 데려와서 같이 사는 가정도 많이 볼 수 있어요. 모로코는 예로부터 '고양이를 집에 들이면 좋은 일이 생긴다'란 말이 있을 정도로 고양이를 애정하는 나라입니다. 약한 생명을 함부로 대하지 말라는 뜻이 내포된 것 같아요. 고양이는 언제나, 어디서나 사랑입니다.

# кошка

**러시아어 꼬쉬카**

쁘리비엣(Привет)! 안녕하세요, 러시아 타타르스탄공화국의 수도 카잔에서 턱시도냥 콩이와 살고 있는 강경민입니다. 2017년 7월, 서울에서 다리가 부러진 상태로 발견된 콩이를 구조한 인연으로 지금까지 집사로 성실하게 살아가는 중입니다.

통계적으로 전 세계에서 고양이 집사가 가장 많은 나라가 러시아라는 사실 아시나요? 회색 털의 신사 러시안블루, 신비로운 은빛 장모(長毛)를 뽐내는 시베리안캣의 고향이기도 하죠. 타타르스탄공화국의 상징 역시 고양이입니다. 페스트에 시달리던 러시아제국 엘리자베따 황후가 카잔에는 전염병과 쥐가 없다는 것을 알고 130마리의 카잔 고양이들을 1745년 수도 상트페테르부르크로 이주시켰다는 이야기가 전해집니다. 상트페테르부르크의 에르미타쥐 박물관에는 고미술품을 쥐로부터 지키고 고양이들이 살고 있는데, 이들의 조상이 바로 용감한 카잔 고양이들인 것이죠.

꼬쉬카의 나라답게 러시아는 고양이와 관련된 격언이 많은데요, 거리의 철학자 고양이들이 인간들에게 전하는 조언인 셈이죠. 'Знает кошка, чье мясо съела고양이는 자신의 고기를 누가 먹었는지 알고 있다'는 말은, 고의적으로 잘못을 저지른 사람의 죄는 감출 수 없다고 꼬집는 표현입니다. 2022년과 2023년의 러시아를 향해 고양이가 던지는 충고일지도 모르겠습니다.

# Con mèo

**베트남어 콘메오**

신짜오! 고양이 '냥쓰'와 호치민에서 살고 있는 집사입니다. 베트남은 고양이를 콘메오 혹은 메오라고 불러요. 울음소리도 mèo mèo(메오메오)지요. 이곳은 2023년이 토끼의 해가 아닌 고양이의 해랍니다. 그래서 어딜 가나 고양이 그림이 들어간 에디션을 많이 볼 수 있어요. 베트남 표현 중에 'Mèo mù vớ cá rán눈 먼 고양이가 생선을 만난다'라는 말이 있는데 갑자기 행운이 찾아온 경우를 일컫습니다. 'Mèo khen mèo dài đuôi고양이가 자기꼬리 길다고 자랑한다'는 속담은 자만심에 빠진 오만한 사람에게 일침할 때 쓰는 표현이라고 해요.

**독일어 디 카체**

굿텐 탁(Guten Tag)! 독일 뒤셀도르프에서 아리, 랑, 테라, 세 고양이를 모시는 '캔따개' 송지은입니다. 캔따개가 뭐냐고요? 바로 독일에서 고양이 반려인을 가리키는 단어랍니다. 독일어로 Dosenöffner, 도젠외프너라고 발음하죠. 1980년대 소설 『Felidae』 주인공인 고양이 프란시스가 주인에게 "우리를 위해 캔 여는 것 말고는 아무 쓸모도 없는 캔따개"라고 소리치는 모습에서 유래했다고 합니다.

독일어로 고양이는 여성 명사로 (die) Katze이며 Miau(미아우)라고 울어요. Wohnungskatze(집 고양이)와 Freigänger(산책 고양이)를 가리키는 단어가 따로 존재합니다. 재밌는 속담도 많아요. 'Wenn die Katze aus dem Haus ist, tanzen die Mäuse auf dem Tisch고양이가 집을 나가면 쥐들은 탁자 위에서 춤을 춘다'는 표현은 제지할 이가 없어지자 신난 사람을 보면서 사용하죠. 마치 주말에 부모가 집을 비우면 아이들이 파티를 여는 것처럼요.

'Die beiden sind wie Katze und Maus그들은 고양이와 쥐와 같다'는 속담은 자주 논쟁하는 사람들을 묘사합니다. 'Die Katze aus dem Sack lassen가방에서 고양이를 꺼내십시오'는 비밀이 탄로난다는 의미인데, 중세 박람회에서 사기꾼이 자루에 숨긴 고양이를 새끼 돼지나 토끼로 속여서 팔려다가 들통난 사건이 유래가 된 말이라고 합니다.

die katze aus dem sack lassen

beret

baguette

rose

# 喵仔

**대만어 니아오 아**

리허! 저는 턱시도 고양이 '빤빤'과 살고 있는 집사입니다. 2016년 대만으로 유학을 와서 현재 직장을 다니고 있으며, 빤빤이와는 2020년 만나 친구처럼 투닥이며 재밌게 지내고 있답니다. 대만에선 고양이를 표준 중국어로는 貓(마오), 대만어(민남어)로는 喵仔(니아오 아)라고 부릅니다. 울음소리는 喵喵(미야오 미야오)라고 해요.

고양이 키우는 사람은 貓奴(고양이의 노비) 혹은 屎官(똥 치우는 장관)이라고 부른답니다. 고양이를 위해 헌신하는 정도가 단어를 통해 느껴지지요. 이곳도 한국처럼 狗派(강아지파), 貓派(고양이파)라는 표현이 있는데, 주변 대만 친구들을 보면 고양이파가 더 많은 거 같습니다.

# Chat

**프랑스어 샤**

꾸꾸(coucou)! 파리지앵 고양이 '보리'의 누나 김진희입니다. 7년째 프랑스 파리에 거주 중인 유학생이자 보리와 만난 지 11개월 된 초보집사입니다. 서두의 꾸꾸는 친근한 사이에서 동물, 사람 등을 부르는 프랑스 인사말이랍니다.

불어로 고양이는 Chat, 발음은 '샤'입니다. 고양이 세수, 개와 고양이 사이 등 한국에서도 사용하는 관용어구가 여기도 존재하지요. 재미있는 것은 '고양이가 울다'라는 단어가 따로 있는 점이예요. 바로 Miauler(미올레)죠. 이곳 고양이 울음소리 Miaou(미아우)에서 유래했어요. 또 Ronronner(홍호네)라고 그릉그릉거린다는 표현도 있어요. '보리가 그릉그릉거려'는 프랑스어로 'Bori ronronne(보리 홍혼)'인데 발음이 너무 귀엽지 않나요? 지금까지 보리누나 김진희 특파원이었습니다!

# We're Going To CHANGE The DICT.

## 우리가 바꿀,
## 멜로우 반려 언어사전

이전에는 '길고양이'라는 단어 대신 '도둑고양이'라는 단어를 사용했다. 현재는 도둑고양이라는 단어는 사라졌지만 아직도 차별의 시선이 만연하다. 고양이들은 눈빛이 무섭다, 예전부터 요물이라 불렸다, 하는 유언비어가 끊이질 않는다. 몇 번을 들어도 익숙해지지 않는 무심한 말들이 집사의 가슴에 콕콕 박힌다.

고양이를 반려하기로 마음먹고 가장 먼저 마주하게 되는 단어는 분양, 품종, 가격 정보일 것이다. 포털 사이트에 검색만 해 보아도 바람직하지 못한 단어들이 고양이의 연관 검색어로 우르르 발견된다. 그 모습을 보고 있으면 미성숙한 반려 언어가 반려문화의 도약을 발목 잡는 것 같기도 하다. 우리의 반려묘를 위해 그리고 반려인들을 위해, 멜로우 반려 언어사전을 편찬한다. 멜로우 사전과 함께 아름다운 언어로 가득한 반려생활을 맞이하길 바란다.

에디터 박조은, 최진영

# 반려동물
# 애완동물은 나에게
# 큰 힘이 되어준다

**애완동물** 愛玩動物

명사 좋아하여 가까이 두고 귀여워하며 기르는 동물.

사랑 애(愛), 희롱할 완(玩). 애완의 뜻은 '사랑하며 가까이 두고 다루거나 보며 즐기는 것'이다. 완구(玩具)의 '완'과 같은 뜻을 공유하는 이 단어는 이전의 반려문화가 담겨 있다. 가족이 아닌 애완동물로서 생명을 정의하고, 장난감처럼 동물을 사고팔았다. 장난감이니 그들을 경시하는 것도 아무 죄책감이 없다. 이 단어의 뜻은 현재의 반려문화와 맞지 않다.

**반려동물** 伴侶動物

명사 평생 함께할 목적으로 가족의 일원이 되는 동물.

짝 반(伴), 짝 려(侶)라는 한자어를 사용하는 '반려(伴侶)'는 반려동물이 지닌 가치를 그대로 보여준다. 반려동물은 우리의 가족이 되어 곁으로 온다. 그들은 가족의 일원으로서 모든 순간을 함께 한다. 반려동물이라는 단어는 그러한 감정적 교감을 담는 단어다. 현재의 반려문화를, 그리고 우리가 추구해야 할 반려문화를 포함한 언어라 할 수 있다.

## 적절한 예문

**"반려동물은 나에게 큰 힘이 되어준다."**

반려동물은 우리의 일상 속 깊이 들어와 큰 의미를 가진다. 늘 붙어 다니는 짝꿍처럼 힘들 때, 슬플 때 모든 순간 묵묵한 지지와 응원을 보낸다. 반려묘의 촉촉한 눈을 마주하면 '반려'의 의미가 무엇인지, 가족이 된다는 것의 의미는 무엇인지 다시 한 번 깨닫게 될 것이다.

# 고양이를 분양하려면
입양

# 많은 준비가 필요하다

## 분양 分讓

**명사** 토지나 건물 따위를 나누어 팖.

우리는 '분양'이라는 단어를 도로 현수막에서, 부동산의 광고지에서 심심치 않게 보게 된다. 분양은 '전체를 여러 부분으로 갈라서 여럿에게 나누어 줌'이라는 뜻으로, 주로 아파트나 토지 등을 거래할 때 사용한다. 하나의 생명이며, 가족인 반려동물에게는 어울리지 않는 단어다. 반려동물을 소유물로 생각하던 과거의 관습이 남아있는 표현이라 할 수 있다.

## 입양 入養

**명사** 반려동물과 인연을 맺고 가족의 구성원으로 맞이함.

반려동물은 소유물이 아니라 가족의 개념이다. 가족을 들이는 순간에 물건을 사고팔 때 사용하는 단어를 쓰는 것은 옳지 않다. '입양'은 가족이 되는 행위를 정의한 단어이니, 분양보다는 입양이라는 단어를 사용해 가족의 탄생을 축하하는 것이 바람직하다.

## 적절한 예문

**"고양이를 입양하려면 많은 준비가 필요하다."**

고양이를 가족으로 맞이하기 위해선 철저한 사전 조사가 필수다. 고양이의 특성, 생활습관, 사료까지. 하나하나 준비하다 보면 가족을 맞이한다는 것은 얼마나 많은 노력이 필요한지, 큰 결심이 필요한지 깨닫게 될 것이다.

보호자

# 고양이의 주인은
# 저희 가족이에요.

## 주인 主人

**명사** 대상이나 물건 따위를 소유한 사람.
고양이를 반려하는 사람을 '주인'으로 표
현한다. 이 또한 반려묘를 소유물로 보는
시선이 담겨 있다. 반려묘는 가족 구성원
누군가의 소유물이 아닌 구성원으로서
자리한다. 가족 모두와 소통하고 교감하
니 '주인'이라는 단어로 반려인을 표현하
는 것은 옳지 않다.

## 보호자 保護者

**명사** 자신이 선택한 가족인 반려묘를 평생
보호하고 사랑할 의무를 가진 사람.
포괄적인 의미가 내포된 '보호자'를 사용
하는 것이 옳다. 반려묘와 함께하는 가족
구성원 모두 고양이의 보호자이다. 누구
의 소유로 특정 짓는 것이 아닌 모두가 함
께 보살피고 지켜야 한다.

## 적절한 예문

**"고양이의 보호자는 저희 가족이에요."**
고양이를 반려하다 보면 책임감을 요하는 일이 많이 생긴다. 그럴 땐 가족의 구성원으로
서 자리한 나의 반려묘를 생각하자. 고양이를 반려하는 순간부터 가족의 일상 모두 변화
하게 된다. 하루에 몇 번씩 낚싯대를 들게 되고, 외출을 할 땐 반려묘부터 걱정하게 될 것
이다. 그 모든 변화를 즐겁게 받아들이자.

# 고양이를 훈련하려고
## 많은 자료를 찾아보았어

*교육*

## 훈련 訓鍊

**명사** 기본자세나 동작 따위를 되풀이하여 익힘.

특정한 행동이나 자세를 가르쳐서 익히게 하는 것을 '훈련한다'라고 표현한다. 훈련이라는 단어의 정의는 '교육'과 크게 다르지 않다. 그러나 단어가 가진 심상에 주목하여야 한다. 훈련이라는 단어는 주로 군부대, 경찰 등에서 이루어지는 체력 훈련을 떠올리게 한다. 반려동물에게 가르치는 특기 교육과는 맞지 않는 단어다.

## 교육 教育

**명사** 지식과 기술 따위를 배우며 묘(描)격을 수양하는 행위.

반려묘에게 배변, 스크래치 사용법, 장난감 사용법 등을 가르친다. 사람과 함께 생활하기 위해선 필수적으로, 혹은 부수적으로 꼭 필요한 활동이다. 교육은 훈련이라는 단어보다 더욱 필수적인 의미를 담고 있으며, 단어가 가진 심상 또한 반려동물과 잘 맞는다.

## 적절한 예문

**"고양이를 교육하려고 많은 자료를 찾아보았어."**

반려묘를 교육하기 전 여러 자료를 찾아보는 것은 필수적이다. 적절한 교육이 이루어지기 위해서는 다양한 교육 방법을 찾아본 후 진행하는 것이 좋다. 최근에는 영상, 서적, 강연 등 여러 방식을 통해 올바른 고양이 교육법을 알 수 있다. 많은 조사를 통해 자신의 반려묘에게 가장 알맞은 교육 방법을 선택하자.

# 동네고양이
# 길고양이를 보살피려면
# 많은 사전조사가 필요하다

### 길고양이

**명사** 주인 없이 길을 떠돌아다니며 사는 고양이.

기존 도둑고양이라는 단어에서 대체된 단어이다. 하지만 '길'이라는 단어의 거리감 때문인지 대중적인 시선은 싸늘하다. 길고양이 관련 범죄는 물론 고양이 자체에 대한 부정적인 인식도 아직 완전히 사라지지 않았다. 비판적 시선을 거둬들이기 위해서는 고정관념을 바꿔야만 한다.

### 동네고양이 洞네고양이

**명사** 사람들이 살아가는 곳 주변에서 살아가며 우리와 공간을 공유하는 고양이.

고양이들은 우리의 곁에서 살아가고 있다. 주민들이 마련해준 집에서, 직접 마련한 작은 보금자리에서 자신들의 하루하루를 보내고 있다. 언제나 우리의 곁에서 살아가는 이들의 생활상을 보면 동네 주민이라는 말이 어울린다. 좀 더 친근하고 익숙한 단어를 사용해 거리감을 점차 좁히는 것은 어떨까.

### 적절한 예문

"동네고양이를 보살피려면 많은 사전조사가 필요하다."

동네고양이들은 그들만의 구역을 가지고 있다. 고양이는 영역 동물이기에 생활 공간에 갑작스럽게 침범할 시 굉장한 혼란이 올 수 있다. 그렇기에 동네고양이를 돌보기 전에는 철저한 사전 조사가 필수다. 어떤 고양이가 어디에서 잠을 자고 식사를 하는지 미리 살펴본 후 거리를 지키며 한 발짝씩 다가가야 한다.

# 동네고양이수호대
## 캣맘은 정말
## 대단하신 분들이야

### 캣맘 Cat Mom

**명사** 길고양이에게 밥을 주고 보살피는 사람을 이르는 말.

동네고양이를 보살피는 자들을 '캣맘'이라고 칭한다. 캣(Cat)과 맘(Mom)의 합성어로 고양이들을 마치 엄마처럼 돌보는 모습을 따 만들어진 단어다. 캣맘 또한 초반엔 그들의 숭고한 손길을 칭찬하는 단어로 사용되었으나, 일부에서는 그들을 향한 맹목적인 비난을 보낼 때 사용하는 단어가 되었다.

### 동네고양이수호대 洞네고양이 守護대

**명사** 동네고양이를 지키고 보호하는 선한 사람.

수호(守護)는 '지키고 보호함'이라는 뜻의 단어로 그들이 행하는 선의를 더욱 직관적으로 보여줄 수 있는 단어다. 직접적이고 분명한 표현으로 그들의 진심을 더욱 명확히 전할 수 있다. 또한 기존 캣맘이라는 단어보다 더욱 그 행위의 의미를 잘 담아낼 수 있는 표현이라 할 수 있다.

### 적절한 예문

**"동네고양이수호대는 정말 대단하신 분들이야."**

동네고양이수호대는 365일 바쁘다. 매서운 장맛비에는 고양이들을 위한 가림막을, 추운 겨울에는 따뜻한 간이 하우스를 준비한다. 매일 시간을 맞춰 밥을 주고 먼발치에서 고양이들을 확인한 후 자리를 정리한다. 때로는 귀찮고 힘들 수 있는 일이지만 함께 사는 생명을 위해서는 마다하지 않는다. 그들은 365일 분주한 걸음을 재촉 중이다.

2023학년도 멜로우고사 집사평가 문제지

# 고양이 언어 영역

| 성명 | | 수험 번호 | | | | | | | | |
|------|--|-----------|--|--|--|--|--|--|--|--|

○ 문제지의 해당란에 성명과 수험 번호를 정확히 쓰시오.

○ 답안지의 필적 확인란에 다음의 문구를 정자로 기재하시오.

### 사랑의 시그널을 보내주세요.

○ 답안지의 해당란에 성명과 수험 번호를 쓰고, 또 수험 번호와 답을 정확히 표시하시오.

멜로우집사양성교육평가원은 지난 2021년 설립 이래 반려동물이 전하는 사랑, 행복, 진심을 나누며 명실상부 국내 최고의 반려문화 교육기관으로 자리매김했다. 최근 반려인구의 증가로 고양이 언어에 대한 관심이 높아짐에 따라 멜로우에서도 올바른 반려 언어 확립을 위해 고양이 언어 능력 평가를 준비했다. 이번 시간을 통해 고양이 언어에 대해 이해하고 공감할 수 있는 시간이 되길 바란다.

그림 김초록 @__kimchorok | 에디터 최진영

### ※ 시험이 시작되기 전까지 표지를 넘기지 마시오.

## 멜로우집사양성교육평가원

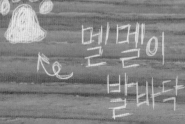

2023학년도 멜로우고사 집사평가

제 1회 **고양이 언어 영역**

## ※ 결시자 확인 (수험생은 표기하지 말것.)

| 검은색 컴퓨터용 사인펜을 사용하여 수험번호란과 옆란을 표기 | 고양이 언어 영역 | ◯ |
| --- | --- | --- |

※ 문제지 표지에 안내된 필적 확인 문구를 아래 '필적 확인란'에 정자로 반드시 기재하여야 합니다.

| 필 적 확인란 | |
| --- | --- |

| 성 명 | |
| --- | --- |

| 수 험 번 호 | | | | | | | |
| --- | --- | --- | --- | --- | --- | --- | --- |

※답안지 작성 (표기)은 반드시 검은색 컴퓨터용 사인펜만을 사용하십시오.

※OMR 용지 코너에 있는 QR코드에는 낙서를 하지 마십시오.

### 고양이 언어

| 문번 | 답 란 |
| --- | --- |
| 1 | ① ② ③ ④ ⑤ |
| 2 | ① ② ③ ④ ⑤ |
| 3 | ① ② ③ ④ ⑤ |
| 4 | ① ② ③ ④ ⑤ |
| 5 | ① ② ③ ④ ⑤ |
| 6 | ① ② ③ ④ ⑤ |
| 7 | ① ② ③ ④ ⑤ |
| 8 | ① ② ③ ④ ⑤ |
| 9 | ① ② ③ ④ ⑤ |
| 10 | ① ② ③ ④ ⑤ |
| 11 | ① ② ③ ④ ⑤ |
| 12 | ① ② ③ ④ ⑤ |

| 문번 | 서 술 형 답 란 |
| --- | --- |
| 13 | |

| 감독관 확인 (수험생은 표기 하지 말것.) | 서 명 또는 날 인 | 본인 여부, 수험번호 및 문형 (고양이 언어) 의 표기가 정확한지 확인, 옆란에 서명 또는 날인 |
| --- | --- | --- |

제 1회

# 고양이 언어 영역

성명 [ ]　수험 번호 [ | | | | | | | ]

---

1. 다음 중 고양이의 행동언어가 나타나는 신체 부위로 옳은 것은?

① 귀　　　② 턱　　　③ 목덜미
④ 뱃살　　⑤ 다리

2. 다음 그림에 나타난 고양이의 행동언어를 모두 고르시오.

① 귀　　　② 수염　　　③ 꼬리
④ 다리　　⑤ 발톱

3. 다음은 고양이의 행동언어에 대한 예시이다. (가)와 (나) 상황에서 동시에 나타나는 행동언어로 옳은 것은?

(가)

고양이의 발톱이 길어져 깎으려고 시도를 한다. 고양이는 온몸으로 불편한 기색을 보인다.

(나)

집사가 간식을 꺼내려 선반으로 다가간다. 고양이는 집사에게 애교를 부리기 시작한다.

① 귀언어　　　② 수염언어　　　③ 꼬리언어
④ 발톱언어　　⑤ 음성언어

4. 고양이가 다음과 같은 '수염언어'를 보일 때 집사의 행동으로 옳지 <u>않은</u> 것은?

① 숨숨집, 담요 등으로 고양이가 안정감을 느낄 수 있게 한다.
② 천재지변은 어쩔 수 없는 상황이므로 고양이에게 양해를 구한다.
③ 부드러운 음성으로 고양이를 부르며 편안한 분위기를 조성한다.
④ 간식과 놀이로 스트레스를 해소시킨다.
⑤ 긴장을 풀 수 있는 릴렉싱 제품을 활용한다.

5. 다음은 고양이의 심리 상태를 나타낸 것이다. 그림에 나타난 고양이의 '귀언어'와 '수염언어'를 <u>모두</u> 고르시오.

ㄱ. 고양이의 수염은 '평온' 상태이다.
ㄴ. 수염이 아래로 쳐져 있는 것을 보아 울적한 기분을 느끼고 있다.
ㄷ. 귀는 쫑긋 서있는 형태로, 고양이는 안정적인 기분을 느끼고 있다.

① ㄱ        ② ㄴ        ③ ㄷ
④ ㄱ, ㄷ        ⑤ ㄱ, ㄴ, ㄷ

6. 빈칸에 들어갈 대화로 알맞은 것은?

집사 : "야옹아~ 뭐해?"
고양이 : "_____"

① 분노 – "저게 뭐야! 당장 우리 집에서 나가!"
② 경계 – "너무 무서워요. 흔들리는 것 너무 싫어요."
③ 피곤 – "아, 졸려. 잠이나 잘래."
④ 관심 – "간식이나 먹으러 가볼까."
⑤ 흥미 – "신기하다옹~ 흔들흔들~"

7. 외출 후 돌아온 집사를 향한 '꼬리언어'가 (A)에서 (B)로 변화했을 때 집사의 행동으로 옳지 <u>않은</u> 것은?

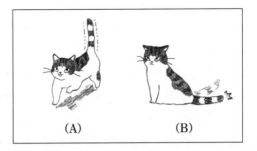

(A)        (B)

① 고양이의 컨디션을 확인한다.
② 사료는 잘 먹었는지 확인한다.
③ 다정하게 고양이를 쓰다듬어 준다.
④ 조용히 눈인사를 건넨다.
⑤ 독립심을 길러 주기 위해 모른 채 한다.

〔8-9〕〈보기〉를 읽고 물음에 답하시오.

〈보기〉

○○○○년 ○○월 ○○일 날씨 맑음

오늘은 우리 고양이 '멜멜이'를 집으로 데려왔다. 멜멜이는 처음엔 집이 어색한 듯 보였다. 작은 소리만 나도 소리가 들린 쪽으로 귀를 쫑긋 세웠다. 하지만 곧 적응을 했는지 여기저기를 탐색했다. 킁킁거리며 집안의 냄새를 맡기도 하고, 창밖을 보기도 했다. 바깥 풍경이 재미있는지 (A) 수염을 모두 앞 쪽으로 모으며 열심히 구경을 했다. 나중에는 내 옆에 앉더니 나의 팔을 꼬리로 슬쩍 감기까지 했다. 그런데 내 동생을 보고서는 (B) 꼬리펑 상태가 되는 것이다! 정말 멜멜이는 알다가도 모르겠다. 그래도 멜멜이와 가족이 될 수 있어서 너무 행복하다. 앞으로 멜멜이에게 좋은 것만 해줘야지!

8. (A)가 나타내는 '수염언어'로 옳은 것은?

① 분노
② 행복
③ 경계
④ 흥미
⑤ 우울

9. (B)의 행동언어가 나타난 상황에서, 동시에 표현될 수 있는 행동으로 옳은 것은?

① 꾹꾹이
② 그루밍
③ 하악질
④ 골골송
⑤ 발라당

10. 그림에 나타난 '귀언어'를 보았을 때 고양이가 시청하고 있는 영상으로 옳지 않은 것은?

① 이웃집 고양이 목욕 영상
② 톰과 제리
③ 뚱냥이 탈출 하는 법
④ 신상 간식 쇼핑
⑤ 물고기 영상

11. 고양이가 빨래 건조대에 널려있다. 다음 고양이의 언어에 대한 내용으로 옳은 것은?

① 빨래 건조대에 뱃살이 끼어서 기분이 좋지 않다.
② 고양이는 수직 공간을 좋아하므로 성취감을 느끼고 있다.
③ 늘어져 있는 꼬리의 상태를 보아 평온한 기분이다.
④ 빨래 건조대에 발 디딜 틈이 없어 두려움에 떨고 있다.
⑤ 냥빨을 당한 후 털을 말리기 위해 건조대에 올라간 것이다.

12. 다음은 고양이를 뜻하는 여러 국가의 언어이다. 이 중 국가와 언어가 <u>옳지 않게</u> 배치된 것은?

① 일본 – ねこ (네코)
② 러시아 – кошка (꼬쉬카)
③ 독일 – Die Katze (디카체)
④ 프랑스 – Chat (샤)
⑤ 베트남 – cún (꾼)

〔서술형〕

13. 그림에 나타난 (A) '꼬리언어'에 대한 설명과 해당 꼬리언어가 나타날 시 (B) 동시에 표현될 수 있는 '수염언어'에 대해 서술하시오.

(A) _____

_____

(B) _____

_____

# 고양이 언어 영역 정답 및 해설

## 정답

| | |
|---|---|
| 01 | ① |
| 02 | ①, ②, ③ |
| 03 | ① |
| 04 | ② |
| 05 | ④ |
| 06 | ⑤ |
| 07 | ⑤ |
| 08 | ④ |
| 09 | ③ |
| 10 | ③ |
| 11 | ③ |
| 12 | ⑤ |
| 13 | 해설참조 |

## 해설

1. [해설] 고양이는 귀, 수염, 꼬리 등을 통해 다양한 감정과 언어를 표현한다. 턱, 목덜미, 뱃살, 다리 등은 고양이의 행동언어가 나타나는 부위가 아니므로 답은 ①번이다.

2. [해설] 그림 속 고양이는 장난감과 대치하며 즐거운 한때를 보내고 있다. 귀의 형태를 보아 고양이는 장난감에 흥미를 느끼고 있다. 수염은 직선 형태로 곧게 뻗어 있는데, 이 또한 대상에 흥미와 재미를 느낄 때 나타나는 수염의 형태이다.

3. [해설] (가)의 상황에서 고양이는 분노를 느끼고 있다. 이러한 고양이의 심리 상태는 귀를 통해 알 수 있다. (나)의 그림에서는 귀언어와 꼬리언어를 확인할 수 있다. 쫑긋 선 귀는 간식에 대한 관심을 나타내며, 집사의 다리를 감싼 꼬리는 애정표현이다. 따라서 두 그림에서 동시에 나타나는 행동언어는 귀언어이다.

(가)      (나)

4. [해설] 그림 속 고양이는 두려움을 느끼고 있으며 그 감정은 귀와 수염을 통해 나타나고 있다. 고양이는 스트레스에 취약한 동물이기 때문에 상황을 이해시키기보다는 스트레스를 풀 수 있도록 도움을 주어야 한다.

5. [해설] 긴장감이나 힘이 느껴지지 않는 평안한 상태의 귀이다. 수염 또한 자연스럽게 아래를 향해 있다. 이러한 귀언어와 수염언어는 고양이가 심리적으로 안정되었다고 느낄 때 나타나는 행동언어다.

6. [해설] 앞을 향해 뻗은 수염으로 보아 고양이는 대상에 대한 흥미를 느끼고 있다. 따라서 빈칸에는 대상에 대해 흥미를 나타내는 표현이 들어가야 한다.

7. [해설] (A)의 꼬리언어는 고양이의 대표적인 인사 방법이다. 꼬리를 꼿꼿이 세우고 친절하게 인사를 건네는 것으로 보아 현재 고양이는 집사에게 반가움을 표현하고 있다. (B)는 꼬리를 바닥으로 탁탁 치고 있으며 짜증을 나타낸다. 반가움에서 짜증으로 꼬리언어가 바뀌었으므로 원인을 파악하고 스트레스 요인을 제거해야 한다.

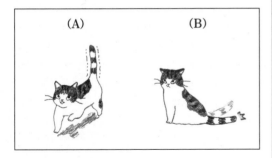

8. [해설] 앞 쪽으로 쏠려 있는 형태의 수염언어는 '흥미'를 나타낸다.

9. [해설] 고양이는 극한의 분노와 두려움을 느낄 때 '꼬리펑'을 사용한다. 따라서 분노의 표현 중 하나인 하악질이 함께 나타날 가능성이 크다.

10. [해설] 그림 속 고양이의 귀는 양쪽 다르게 움직이고 있다. 이 귀언어는 고양이가 흥미로운 감정을 느낄 때 나타난다. 따라서 고양이가 싫어하는 목욕 영상은 화면 속 내용으로 옳지 않다.

11. [해설] 고양이의 꼬리가 긴장감 없이 축 늘어져 있다. 이는 고양이가 평온한 기분이라는 것을 나타낸다. 불편함을 느끼거나 두려움에 떨고 있다는 설명은 맞지 않다.

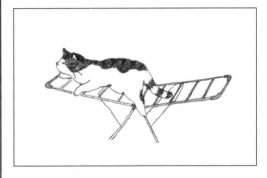

12. [해설] 베트남어로 고양이는 con mèo(콘 메오)이다.

13. [해설] (A)그림 속 고양이는 꼬리를 좌우로 살랑살랑 움직이고 있으며 이 꼬리언어는 흥미나 관심을 느낄 때 나타난다. 창밖 구경을 하거나 움직이는 물체를 볼 때 다음과 같은 꼬리언어가 표현된다.
(B)고양이는 흥미나 관심을 느낄 때 수염을 앞으로 곧게 뻗는다.

# 고양이 언어 영역 개념 완성

**이 단원의 학습 목표는 고양이의 귀언어, 수염 언어, 꼬리언어의 개념을 이해하고 실생활에 적용하는 것이다.**

고양이의 귀, 수염, 꼬리는 각각의 고유한 기능을 수행하는 동시에 언어 표현의 도구이기도 하다. 수많은 근육과 신경을 포함하고 있으며 미세한 움직임으로 각기 다른 의미를 나타낸다. 작은 차이로 의미하는 바가 달라지기에 면밀히 관찰하는 자세가 필수적이다. 다음 그림들에 나타난 고양이의 행동을 통해 고양이의 언어를 더욱 자세히 알아보자.

## 귀언어-평온

귀의 형태 중 가장 일반적인 형태로 쫑긋 서있는 모습이다. 귀의 안쪽 면 역시 정면을 향해 있으며 귀의 끝은 하늘을 향한다. 해당 형태의 귀 모양은 평온한 기분을 한껏 드러내는 것이다. 애착 이불에 푹 파묻히거나, 햇빛을 받으며 휴식을 취할 때 해당 귀언어가 나타난다. 이 귀의 모양이 나타나면 고양이의 심리가 안정적인 상태이므로 고양이가 여가시간을 충분히 즐길 수 있도록 도와야 한다.

② 

## 귀언어-경계/흥분

귀를 힘주어서 옆으로 돌린 모습으로, 귀의 안쪽 면이 옆으로 돌아간 형태라고 생각하면 쉽다. 어떠한 물체를 보고 경계심을 표현하는 귀언어로, 마징가 제트의 귀처럼 보여 '마징가 귀'라는 별칭을 가지고 있다. 해당 표현을 보일 때 고양이가 불쑥 냥냥펀치를 날리기도 하므로 주의해야 한다.

③ 

## 귀언어-걱정

귀가 힘없이 축 처져 있다면 고양이의 심리 상태를 확인해 보아야 한다. 바로 걱정을 할 때의 귀 형태이기 때문이다. 스트레스를 받거나 주변 환경이 변화할 때 이러한 귀언어가 나타난다. 때문에 고양이의 귀가 축 처져 있다면 주변 환경을 점검하고 스트레스 지수를 확인한 후 적절한 조치를 취해야 한다.

## 귀언어-공격/분노

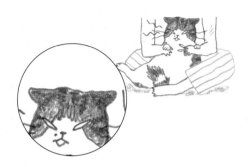

극도의 분노를 표현하는 고양이의 귀는 큰 움직임을 보인다. 귀를 힘껏 뒤로 젖히는데, 젖혀진 귀의 각도에 따라 정면에서 귀가 보이지 않기도 한다. 이는 위협에 대비하기 위한 반사적인 행동이다. 고양이의 발톱을 깎거나 목욕을 할 때 볼 수 있는 표현이다. 이런 경우 무리하게 진행하지 말고, 시간을 가지며 차근차근 진행하는 것이 좋다.

## 귀언어-탐색/흥미

고양이의 양쪽 귀가 다른 각도로 움직인다. 양쪽 완전히 다른 방향으로 나타나거나 귀의 끝부분이 살짝 돌아가기도 한다. 이것은 고양이가 대상이나 상황에 흥미를 느낄 때 볼 수 있는 귀언어다. 주로 흥미로운 영상을 시청하거나 장난감 놀이 등을 할 때 볼 수 있다.

## 수염언어-평온

수염에 힘이 들어가지 않은 채 자연스러운 위치에 놓여있는 모습은 평온한 감정을 느끼는 고양이에게서 나타나는 수염언어다. 가장 기본적인 수염언어라 할 수 있는 이 표현은 고양이가 식빵을 구울 때 주로 나타난다. 또한 좋아하는 상자 안에 들어가거나, 보호자와 함께 여유로운 시간을 보낼 때에도 해당 수염언어를 통해 기분을 표현한다.

## 수염언어-공포

겁에 질린 고양이는 자신의 몸을 숨길 수 있는 곳으로 이동하며 자세를 낮추고 주변을 살핀다. 이 외에도 다양한 방법으로 자신의 감정을 표현하는데 그중 특징적이라 할 수 있는 것은 수염의 움직임이다. 고양이는 공포에 질리면 수염을 곧게 뻗는다. 직선으로 뻗어낸 수염에서 힘이 느껴진다. 갑작스러운 천재지변, 큰 소음 등이 나타나면 고양이는 공포에 빠지기 십상이다. 그런 상황이 발생하면 고양이가 안정을 취할 수 있도록 도와주어야 한다.

## ⑧ 수염언어-흥미

수염이 모두 앞 쪽으로 쏠려 있다. 이때 수염의 형태는 빳빳하게 뻗은 직선일 수도, 자연스러운 곡선일 수도 있다. 흥미를 느낄 때 고양이의 수염은 앞으로 향하며, 그것으로 물체를 탐색해 정보를 수집한다. 고양이는 움직이는 물체에 많은 흥미와 관심을 표현하는데 이는 사냥 본능이 발휘되기 때문이다. 본능을 충족시키기 위해 사냥 놀이를 통해 고양이를 즐겁게 해주는 것이 좋다.

## ⑨ 꼬리언어-분노

꼬리의 모든 털이 바짝 서있다. 해당 꼬리언어는 '꼬리펑'이라는 별칭을 가지고 있으며, 꼬리펑은 고양이가 분노를 느낄 때 나타나는 행동언어다. 고양이를 귀찮게 했을 때, 갑작스러운 상황이 발생했을 때 나타나며, 격한 놀이를 진행했을 시 호기심과 흥분을 나타내기 위해서 꼬리펑을 보여주기도 한다.

## ⑩ 꼬리언어-흥미/관심

꼬리를 천천히 살랑이며 반원을 그리고 있다. 이 꼬리언어는 고양이가 흥미를 보일 때 나타난다. 특히 그림과 같이 창밖 구경을 할 때에는 주변 새소리를 따라 하는 '채터링'을 동시에 표현하기도 한다. 이는 고양이가 창밖의 사물에 강한 흥미를 보이는 중이라고 해석할 수 있다. 이때 고양이에게 말을 걸지 말고 고양이가 충분히 주변 경관을 즐길 수 있도록 하는 것이 좋다.

## ⑪ 꼬리언어-짜증

이것은 대표적인 고양이의 심리 표현 중 하나이다. 고양이가 꼬리를 강하게 탁탁 내려치고 있는데 이는 고양이가 짜증이 났다는 신호이다. 즐겁게 시간을 보내고 있다 가도 고양이가 꼬리를 탁탁 내려치며 심통이 났다는 것을 표현한다. 해당 언어가 나타나면 바로 고양이의 심리가 이런 변화를 보였는지 원인을 확인해 보아야 한다.

## 12

### 꼬리언어 - 반가움

고양이 꼬리가 쭉 펴진 형태로, 그 끝은 하늘을 향해 있다. 꼬리의 끝이 마치 물음표 모양처럼 살짝 굽혀져 있기도 한다. 이 꼬리언어는 반가움을 나타내며 집사가 외출을 마치고 집으로 돌아올 시 확인할 수 있는 꼬리언어다. 만약 외출을 하고 돌아와도 해당 꼬리 언어를 볼 수 없다면 자신의 행동을 돌아보며 반성하는 것이 좋다.

## 13

### 꼬리언어 - 집중

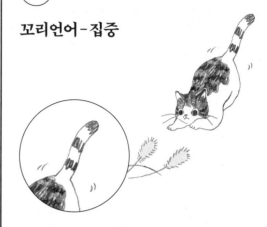

엉덩이를 전체적으로 흔들며 꼬리를 짧은 폭으로 살랑이는 것은 고양이가 대상에 집중했다는 것을 보여준다. 주로 장난감을 가지고 놀 때 많이 보이는 행동이며, 고양이의 사냥 본능을 자극했을 때 나타난다. 집중을 하다가 대상에 돌진하는 경향이 있으므로 안전한 장난감을 사용해 놀이를 진행해야 한다.

## 14

### 꼬리언어 - 평온

온몸에 긴장감이 없이 축 늘어져 있다면 고양이가 평온한 상태를 즐기고 있다는 뜻이다. 몸에 긴장감이 없으니 꼬리 또한 바닥을 향한 채 자연스럽게 늘어져 있으며 귀언어와 수염언어 또한 일반적인 상태를 유지한다.

## 15

### 꼬리언어 - 애정표현

이것은 집사들이 가장 좋아하는 꼬리언어 중 하나다. 고양이는 상대의 신체 일부에 자신의 꼬리를 감으며 사랑을 전한다. 부드러운 꼬리가 몸에 닿는 순간 고양이가 자신을 얼마나 위하고 있는지 직감적으로 알 수 있다.

# 우리 사이 통역을 부탁해

에디터 박조은 | 그림 김혜진

한 지붕 아래 두 털복숭이가 함께 살게 되었다. 두근거리는 첫 만남, 터줏대감 고양이와 후임 강아지의 눈이 마주친다. 반짝이는 눈으로 한참 동안 서로를 마주보며 풍성한 꼬리를 살랑거린다. 얼핏 보면 그저 사랑스러워 보이는 이 풍경. 하지만 자세히 들여다보면 알 수 있다. "야옹" 하고 물었는데 "멍멍" 하고 답하는 동문서답, 아니 냥문멍답이 펼쳐지고 있다는 걸. 긴장감 넘치는 첫 대면은 결국 냥냥펀치라는 새드엔딩으로 끝나버렸다. 이대로는 안 되겠다. 너희 둘 사이, 통역이 필요해!

새로운 가족을 만나는 날, 아기 강아지는 상기된 표정으로 현관문을 열고 들어가며 생각한다. '첫인상이 중요해. 잘 보여서 얼른 친해져야지!' 꼬리를 큰 폭으로 살랑살랑 흔들며 반가움을 표현하는 시그널을 보낸다. 그 인사에 화답이라도 하듯 같이 꼬리를 흔들어주는 고양이. 그 모습을 보고 용기를 얻은 강아지는 고양이를 향해 발랄하게 뛰어간다. 통통한 배를 뒤집어 보여주고, 앞가슴을 내린 채 엉덩이를 흔들며 온몸으로 애정 공세를 보낸다. 아무리 치대도 반응이 없자 비장의 무기를 꺼내는 강아지. 자신만만하게 고양이에게 한 발짝 다가가 보송보송한 얼굴을 핥는 바로 그 순간, 냥냥펀치가 날아온다.

터줏대감 고양이의 이야기도 들어보자. 평소처럼 창가에서 따스한 햇살을 맞으며 그루밍을 하던 고양이의 귀에 낯선 소리가 포착된다. '이 산만한 걸음 소리는 뭐지?' 현관 비밀번호 누르는 소리가 들려오고 열린 문 앞에 처음 보는 동물이 서있다. 낯선 모습에 잔뜩 긴장해 있는데 그 녀석이 갑자기 꼬리를 흔들기 시작한다. 고양이에게 꼬리를 흔드는 건 싸우자는 뜻. 점점 기분이 나빠지기 시작한다. 질 수 없다는 듯 꼬리를 흔들며 불편한 심기를 드러내 본다. 그런데 자신이 꼬리를 흔들면 흔들수록 오히려 텐션이 높아지는 강아지. 심지어 눈 앞까지 다가와 호들갑을 떤다. 힘겹게 분노를 삭이고 있던 찰나, 볼에 축축한 혓바닥의 질감이 느껴진다. '더 이상은 못 참아!' 그렇게 냥냥펀치를 날리고 만다.

많은 사람들이 강아지와 고양이는 평생 친구가 될 수 없다고 생각한다. 'Fight like cats and dogs(고양이와 개처럼 싸우다)'라는 관용어가 있을 정도로 서먹하게 여겨지는 강아지와 고양이 사이. 이 둘의 첫 만남도 순탄치는 않았다. 하지만 첫 만남으로부터 꽤 오랜 시간이 지난 지금, 둘은 서로의 언어와 시그널을 조금씩 이해하고 있다고 한다. 그렇다면 어디 한 번 그 결과물을 조금 들여다볼까?

## #1. 고양이 손민수 실패

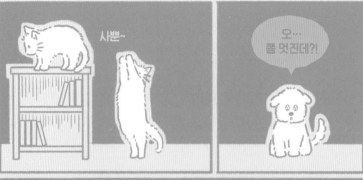

사용하는 언어도, 몸을 사용하는 능력도 이렇게나 다르다. 높은 곳에 사뿐히 올라가는 건 고양이만 할 수 있는 일이니 일찌감치 포기하도록 하자.

## #2. 냥냥펀치 극복기

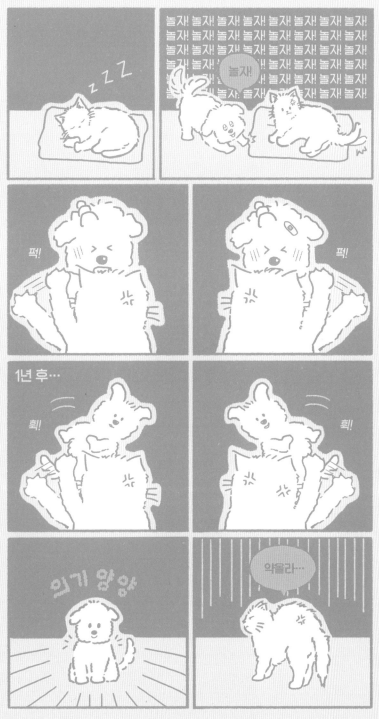

처음엔 냥냥펀치를 피할 수 없을지도 모른다. 하지만 수련의 시간을
쌓다보면 곧 능숙하게 피하는 능력을 가질 수 있다.

## #3. 냥문멍답을 해결한 마법의 단어들

둘은 전혀 다른 언어를 사용한다. 하지만 어떤 단어를 들으면 같은 반응을 보인다. 눈을 반짝이거나, 어딘가로 숨어버리거나.

## #4. 사랑의 박치기

고개를 비비적거리는 헤드번팅(Head-Bunting)으로 애정을 표현하는 고양이, 그리고 온몸으로 "너가 좋아"를 표현하는 강아지. 서로 다른 언어로 말하고 있는 것은 바로 '사랑'이다.

# Cat's Signals That You Should Not Miss

## 미야옹철, 고양이 시그널을 부탁해

흔히 고양이를 신비롭다고 표현합니다. '신비'의 사전적 의미는 '일이나 현상 따위가 사람의 힘이나 지혜 또는 보통의 이론이나 상식으로는 도저히 이해할 수 없을 만큼 신기하고 묘함'으로, 그만큼 고양이의 행동과 표현 방식은 암호문처럼 난해합니다. 그래서 그들의 말이나 행동의 이유를 도대체 알 수 없을 때가 많죠. 물론 모르면 모르는 대로 충분히 사랑스러운 존재가 고양이지만, 그럼에도 우리는 집사로서 그 비밀을 해석할 책임이 있습니다.

사람 입장에서는 '고양이가 갑자기 왜 이러는 거야?' 싶을 수 있지만, 사실 고양이는 고양이 나름대로의 일정한 표현법으로 의사를 전하고 있습니다. 그저 인간이 이해하기 어려울 뿐. 그래도 우리가 고양이와 눈높이를 맞춘다면 그들의 이야기가 조금씩 들리기 시작할 겁니다. 수많은 고양이 언어 중 가장 중요한, 절대 놓치면 안 되는 시그널이 있습니다. 바로 몸과 마음이 아플 때입니다. 고양이는 그 상태를 어떻게 표현할까요?

### PHYSICAL PAIN SIGNAL

고양이의 눈에서 중요한 시그널을 발견할 수 있습니다. 평소보다 눈물을 많이 흘리거나 결막이 부어서 게슴츠레하게 눈을 뜨면 문제가 생긴 것입니다. 증상이 심할 경우 내안각 부위의 제3안검이라는 구조물이 튀어나오기도 하죠. 눈이 부으면 간지럽고 불편하기 때문에 앞발로 문제가 있는 눈을 계속해서 비비는 모습을 볼 수 있습니다. 이런 경우에는 1회용 인공눈물로 눈을 세척한 뒤 동물병원에 내

원하는 것이 좋습니다. 임의로 사람용 안약을 사용하는 경우가 있는데 절대로 그래선 안 됩니다.

콧물 흘림과 재채기 증상은 대부분 코에 문제가 생겼다는 의미입니다. 가벼운 재채기는 일상 생활 중 먼지 자극에 의해서도 발생할 수 있으나, 연속적인 재채기 증상에 노란 콧물이 동반되었다면 이는 바이러스와 세균 감염을 뜻합니다.

고양이가 밥을 먹을 때 확실히 관찰할 수 있는 시그널도 있습니다. 사료를 씹는 과정에서 반복적으로 흘리거나 비명을 지르며 고개를 가로젓는다면 치아 신경의 노출 또는 잇몸과 구강 내 염증 및 자극이 생겼을 가능성이 높습니다. 특히 고양이가 혀를 쓰면서 계속 쩝쩝거리는 모습을 보인다면 입안 상태를 자세히 들여다보아야 합니다.

평소 잘 오르던 수직 공간에 올라가기를 주저하거나 다른 곳을 거쳐서 올라가는 모습을 보인다면 관절 부위의 통증이 시작된 것일 수 있습니다. 7세 이상 노령묘에서 이런 모습을 자주 볼 수 있어요. 고양이가 비만이 있다면 체중 감량이 필수입니다. 사료 그릇의 높이를 높여서 관절에 자극을 주지 않는 편안한 자세로 밥을 먹을 수 있는 환경을 만들어주어야 합니다.

원인을 막론하고 복통을 느끼는 고양이는 편안하게 앉거나 누워서 쉬지 못하고 엉거주춤한 식빵 자세로 앉아 있습니다. 토할 것 같은 기분이 들면 입맛을 다시거나 쩝쩝거리

는 증세도 보입니다. 단순 헤어볼 구토로 상황이 마무리되면 괜찮지만 구토가 반복되고 식욕이 떨어진 모습을 보이면 심각한 상태일 수 있으므로 바로 동물병원에 내원하여 정밀한 검사를 받아야 합니다.

## MENTAL ANGUISH SIGNAL

마음이 아픈 고양이는 어떤 시그널을 보낼까요? 먼저 이유 없는 '울부짖음'이 있습니다. 보통의 경우 고양이는 원하는 것을 보호자에게 요청하거나 다른 고양이와 의사소통을 위해서 울곤 합니다. 그런데 특별한 이유 없이 심하게 운다면, 특히 야간에 혼자서 울부짖는다면 그것은 하루 동안 에너지를 충분히 소모하지 못했거나 현재 생활 환경에서 안정감을 느끼지 못하고 불안하다는 증거가 됩니다. 고양이가 입양 오고 얼마 지나지 않은 시점이거나, 이사를 했을 때, 컨디션이 좋지 않을 때도 이와 같은 시그널을 보낼 수 있습니다.

두 번째는 과도한 그루밍으로, 특정 부위를 너무 심하게 그루밍해서 상처가 생기고 해당 부위에 털이 자라지 않는 심인성 탈모로 이어지는 경우입니다. 스스로 꼬리를 '자해할 때도 있습니다. 이는 보호자의 생활 패턴이 갑자기 바뀌었거나 동거묘와의 관계가 나빠진 것이 원인일 수 있습니다. 스트레스가 지속되는 상황에서 같은 행동을 강박적으로 반복하다 증세가 심해질 수도 있죠. 꼬리 부위 통증 혹은 아토피성 피부염 등에 의한 가려움증 때문에 그런 행동을 한 것일 수 있으므로 적절한 조치가 필요합니다.

배변/배뇨 실수 역시 놓치면 안 되는 시그널입니다. 영역 동물인 고양이는 심리적 압박감이 큰 경우에 기존에 하지 않던 배설 실수를 하곤 합니다. 동거묘와의 관계가 나빠지거나 다른 고양이의 입양으로 다묘가정이 되었을 때, 길고양이가 집 근처에 자주 출몰할 때 주로 관찰됩니다. 자기가 중요하게 생각하는 장소에 가장 강력한 체취를 남겨 영역 주장을 하는 거죠. 배변/배뇨 실수가 행동학적 문제가 아닌 건강상의 문제에서 기인하는 것일 수 있습니다. 방광염, 방광 내 결석 발생, 변비 증상 등이 그럴습니다. 퇴행성 골관절염 악화로 화장실 문턱을 넘기 어려워졌을 때도 동일한 시그널을 확인할 수 있습니다. 원인을 정확하게 파악하고 개선해야 합니다.

고양이는 몸과 마음의 상태를 잘 숨기는 게 사실이지만, 우리 집사들이 관심을 갖는 만큼 상태를 알아차릴 수 있는 것 역시 사실입니다. 평소 우리 고양이의 행동 패턴을 잘 기억해두면 새로운 시그널이 눈에 더 쉽게 들어올 것입니다. 내 반려묘가 수다스러운 고양이라는 사실을 아는 집사는 내 고양이의 말수가 줄어들고 있다는 것을, 무슨 문제가 생겼다는 것을 금방 알아챌 수 있는 것처럼 말이죠.

글 김명철 고양이 전문 수의사 @grrvet / 한국고양이수의사회 부회장. 유튜브 채널 〈미야옹철의 냥냥펀치〉를 운영 중이며, 저서로는 『미야옹철의 묘한 진료실』『수의사는 오늘도 짝사랑 중』이 있다.

# MEOWTALK'S
# CAT DEVELOPERS

지난 2020년 말, 고양이 울음소리를 사람의 언어로 '번역'하는 애플리케이션이 등장했다. 출시되자마자 글로벌 고양이 집사들의 관심을 한 몸에 받은 <미야오톡 meowtalk>이 그것. 미야오톡의 탄생과 성장에 힘을 보탠 '고양이 사원'들이 있다. **mellow**는 인터뷰 요청 이후 그들의 사내 단톡방으로 초대받았다.

## 미야오톡 고양이 사원들의 단톡방

글 Meowtalk @meowtalkapp | 에디터 박재림 | 그래픽 최형윤

안녕하세요, 미야오톡 고양이 사원님들! 한국의 회원님과 **mellow** 가족분들에게 소개를 부탁드려요.

mw

 안녕하신가옹, '샤슈코'라고 합니다. 미야오톡의 앱 안드로이드 담당 개발자이자 나의 집사인 발렌틴을 도와서 새로운 기능을 개발하고 테스트하는 데 도움을 주고 있어요.

 앱 UX디자이너인 크리스티나 집사와 살고 있는 스코티시폴드 '뉴샤'예요. 집사가 앱의 유용한 기능을 구상하며 아이디어를 낼 때 옆에서 돕지요.

 품질관리(QA) 담당자 파블로의 보조, '아이스'와 '플라카'입니다. 새로운 버전의 기계 학습 알고리즘 테스트 및 번역 결과 확인에 힘을 보태고 있습니다.

 홍보모델이자 SNS 마케팅 보조인 '펠릭스'예요. 집사인 올리비아를 돕고 있어요.

미야오톡은 어떻게 탄생했나요? 특별한 계기가 있었을까요?

mw

 미야오톡 공동창립자인 자비에 산체스 대표님이 우연히 본 기사가 씨앗이 됐다고 해요. 데이터 과학자 스타브로스 은탈람피라스가 고양이의 목소리를 해독했다는 내용의 과학 기사였지요.

실제 고양이 집사이기도 한 대표님은 고양이를 이해하는 게 얼마나 어려운지 알았기 때문에 그 기사에 관심을 가지게 되었죠. 인간과 고양이의 관계를 크게 바꿀 수 있는 계기라고 생각한 대표님은 다른 공동창립자 세르게이, 콘스탄틴, 올레그 대표님과 아이디어를 공유했어요. 이후 과학자 스타브로스와도 긴밀히 협력하며 미야오톡을 탄생시켰습니다.

 우리는 독자적인 기계학습 모델을 개발하여 2020년 11월부터 세계 최초 고양이 번역 서비스를 구축했어요. 머신러닝(Machine Learning)이라고도 부르는 기계학습은 사람이 컴퓨터를 가르치지 않아도 컴퓨터가 알아서 학습하는 기술이죠. 2억 6500만 마리의 고양이 소리들을 직접 수집했고, 계속해서 기계학습 모델을 개선 중입니다.

앱 출시 후 2,000만 건 이상의 다운로드를 기록했고, 700만 명이 넘는 유저를 보유 중이에요. 그중 한국 유저는 30만 명 정도로 알고 있습니다. 미야오톡 메인 팀원은 머신러닝 엔지니어 1명, 개발자 3명, 디자이너 1명, 품질검증 1명의 우크라이나계 사람들로, 우리 고양이들의 집사들이기도 하지요.

미야오톡이 탄생하고 성장하기까지 여러분 고양이 직원들의 공로가 크다고 들었어요. 어떤 일을 하고 있는지 구체적으로 들어볼 수 있나요? **mw**

 야옹 소리를 실시간으로 번역하는 '자동번역' 기능을 만든 게 바로 저라고 할 수 있어요. 그 기능이 생기기 전, 제가 울 때 집사가 그걸 녹음하려고 버튼을 누르는데 그사이에 제가 울음을 멈춰버린 적이 많습니다. 불편함을 느낀 집사가 실시간 번역 기능을 제안한 것이죠.

 새 기계학습 모델이 나오면 집사가 우리에게 테스트를 해요. 그리고 틀린 결과가 나올 때마다 데이터 과학자에게 모델을 재교육시킬 과제를 만들어줍니다.

 집사가 새로운 UI 개발을 하던 시기가 떠오르네요.

거의 완성 단계에서 마지막으로 제 울음소리로 테스트를 했는데 문제가 발견됐어요. 산발적으로 나오는 소리들이 모두 번역 과정을 거치게 되면서 시간이 너무 오래 걸린 것이지요. 문제점을 확인한 집사가 긴 번역도 가능하도록 코드 수정을 했어요. 이것처럼 집사를 도와서 새로운 기능이 제대로 작동하는지 확인하는 것이 저의 주 업무입니다.

 홍보모델로 미야오톡을 알리는 일을 하죠. 주로 제 울음소리를 번역한 걸 집사가 SNS에 올려요. 언젠가 제 목소리가 "어이, 집사야, 우리 조용한 곳으로 가자"라고 번역되었는데 집사가 그걸 업로드해서 엄청 부끄러웠던 기억이 나네요.

미야오톡을 만든 사람들이 실제 반려인들이라서 앱이 갖는 의미가 더욱 클 것 같아요. **mw**

집사는 미야오톡 덕분에 제 성격을 더 잘 이해하게 된 것 같다고 좋아합니다. 처음에는 제 목소리를 수집하고 번역하는 것이 '업무'였지만, 지금은 자연스러운 '습관'이 되었다고 해요. 우리 집사처럼 모든 직원이 반려묘와 미야오톡을 즐겨요. 모두가 프리미엄 업그레이드를 해서 추가 기능을 사용 중이죠.

아쉬운 점도 있어요. 고양이에 관한 과학 연구자료가 부족하고 울음소리 데이터가 많지 않아서 기계학습 모델에 추가할 자료가 부족하다는 거죠. 또 고양이의 언어는 울음소리뿐 아니라 몸짓과 표정 등으로 다양하게 표현되는데 현재로서는 미야오톡에 사진 및 영상 촬영 기능이 없다는 것이 아쉽습니다.

미야오톡이 출시된 지 어느덧 2년이 넘는 시간이 흘렀어요. 그동안 기술적으로 보완되었거나 발전한 부분을 소개해주세요.

mw

사용자 리뷰를 바탕으로 문제점을 개선하고, 가능한 고양이 울음소리 카테고리도 9개에서 11개로 늘렸습니다.

번역 가능한 언어도 15개까지 증가시켰고 앞으로도 계속 추가할 계획이예요. 프리미엄 이용자가 사용할 수 있는 새로운 기능도 추가되었습니다. 사용하지 않는 스마트폰을 스마트 스피커로 변환시켜 고양이의 울음소리를 감지하고 즉각 번역할 수 있는 'MeowRoom' 기능, 특정 고양이만을 위한 특별한 커스텀 언어 설정이 가능한 'Custom Lingo' 기능이지요.

기억에 남는 미야오톡 사용후기를 들어볼 수 있나요?

mw

영국 배우 케이트 베킨세일 등 유명 인간 셀럽 집사들의 후기만큼이나 평범한 집사들의 감동적인 사연들이 기억납니다. 미야오톡이 번역한 '아프다'라는 말 덕분에 일찍 병원에 가서 고양이의 병을 고쳤다는 후기, 갑자기 무지개다리를 건넌 고양이의 목소리를 미야오톡을 통해서 다시 들으면서 눈물을 흘렸다는 후기 등이예요. 강아지 소리를 번역하는 앱도 만들어 달라는 리뷰도 떠오르네요.

미야오톡의 존재 의의는 무엇이라고 생각하나요?

mw

우리 집사들은 최첨단 과학으로 고양이와의 소통을 선도하고 있어요. 미야오톡은 현재까지도 고양이 울음소리를 번역하는 유일한 앱입니다. 전세계의 고양이 집사들이 반려묘의 독특한 요구를 잘 이해하면서 행복하게 살기를 바라며 만든 앱이기도 하지요. 반려동물의 질병 치료 분야에도 놀랄 만한 변화 가능성을 제공할 수 있다고 생각해요. 실제로 미야오톡의 기술이 고양이의 기분과 안정에 미치는 영향을 연구하는데 활용되고 있습니다.

앞으로 미야오톡의 목표는 어떻게 될까요? **mw**

 고양이의 울음소리는 고양이를 이해하는 여러가지 방법 중 하나일 뿐이에요. 앞으로 고양이의 여러 행동 패턴을 감지하는 기술이 동반된다면 더욱 정확한 해석이 가능할 것입니다.

울음소리 주파수, 심장박동수, 활동량, 수면 습관, 카메라로 촬영된 이미지 등을 다양하게 활용할 수 있다면 고양이의 삶을 향상시킬 수 있을 거예요. 지금도 우리 집사들은 한국을 포함한 여러 나라의 협력사들과 힘을 합쳐 발전을 꾀하고 있지요.

 고양이 목줄 혹은 웨어러블 디바이스 브랜드와 협력도 계획 중입니다. 현재로서는 고양이의 귀중한 울음소리를 놓치는 경우가 많이 발생하지만 웨어러블 장치에 결합된다면 울음소리를 상시로 번역할 수 있게 될 거예요. 반려동물 테크놀로지 업체들 중에서 협력할 수 있는 곳을 열심히 찾고 있습니다.

다섯 분 고양이 사원님들 모두 인터뷰 잘 해주셔서 감사합니다. 약소하지만 짜 먹는 간식 기프티콘 보내드릴게요. 묘연이 되어 또 만나기를 바라요! **mw**

**'멜로우'**님이 **가다랑어 츄**를 보내셨습니다.

# PURRING X FILE
# - A SINGING SPY

지금 이 순간에도 끊임없이 팽창하고 있는 우주. 그 거대한 신비는 우리를 미지의 세계로 이끈다. 드
넓은 공간 속 과연 인간만이 유일한 생명체일까? 외계의 생명체는 어떤 모습일까? 만약 존재한다면
우리와 소통할 수 있을까? 꼬리에 꼬리를 무는 질문이 끊이질 않는다. 그러나 이 질문의 해답은 생각
보다 가까이에 있다. 매일 지나다니는 화단 옆에서, 공원의 풀숲에서, 심지어는 집 안에서까지 우리를
면밀히 관찰하고 있는 외계인의 스파이. 부드러운 털로 뒤덮인 몸을 가진 그들은 인류에게서 얻어낸
정보를 특정한 언어를 통해 우주로 송신한다. 우주를 향한 호기심, 그 탐험의 끝에는 반짝이는 은하를
두 눈에 품은 '고양이'가 자리하고 있다.

에디터 최진영 | 그래픽 김혜진

# 우리는 사실 외계 생명체와 함께 살고 있다.

고양이들은 고대 문명이 시작되기 이전부터 인류 문화 전반에 불가사의한 흔적을 남겼다. 고대로부터 시작된 그들의 행적은 인류의 발전에 영향을 미쳤으며 현재까지 범 지구적 미스터리로 남겨져 있다.

"이집트 인들이 고양
이를 숭배한 것은
당연한 수순!"

근거1 - 고양이는 긴 시간 인류의 곁을 지키며 지구의 정보를 외계로 송신했다. 그중 가장 많은 자취를 남긴 곳은 바로 이집트이다. 이집트의 피라미드를 외계인이 축조했다는 것은 이미 아는 이들은 알고 있는 사실이다. 하지만 그 뒤에 숨은 조력자인 고양이가 있었다는 것은 잘 알려져 있지 않다. 고양이가 외계와 소통하며 피라미드 건설을 도운 모습은 수많은 벽화를 통해서 전해졌다. 벽화 속에서 고양이는 종종 파라오와 함께 등장하는데 그만큼 고양이가 정치적·종교적으로도 위신을 떨쳤음을 유추할 수 있다. 또한 이집트인들은 일상에서도 고양이를 숭배한 것으로 유명하다. 고양이를 죽이면 사형에 처했으며, 반려묘가 세상을 떠나면 눈썹을 밀고 애도의 기간을 가지기도 했다. 외계인과 고양이의 도움으로 찬란한 유산을 남긴 이집트인들, 그들이 고양이를 숭배한 것은 당연한 수순이었다.

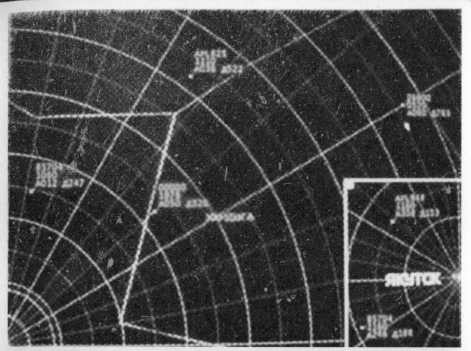

근거2 – 한동안 잠잠하던 고양이 스파이설이 다시 고개를 든 건 2011년 러시아의 한 비행 관제탑에서 이상신호가 발견된 직후다. 그해 3월 1일, 러시아 시베리아에 위치한 야쿠츠크 관제탑에서 이상 물체가 발견되었다. 미확인 비행 물체는 기존 항공기의 10배 속도인 시속 9,600Km의 속력으로 시베리아 상공을 질주했다. 비행 물체와 교신을 시도하던 관제 본부에서는 스파이들의 목소리를 우연히 포착하고는 소스라치게 놀라고 말았다. 미확인 비행물체에서 고양이의 골골거리는 소리가 들려온 것이다.

# 그들의 모든 활동은 '골골거림'에서부터 시작된다.

그렇다면 고양이는 어떠한 방법으로 외계인과 소통하는 것일까? 그 해답은 '골골거림' 속에 있다. 흔히 기분이 좋을 때 내는 소리로 알려진 골골거림은 사실 외계와 소통하는 언어이자 통신수단이다. 단순한 진동과 음이 반복되는 이 언어는 몇 광년 떨어져 있을 외계 본부로 정보를 송신하기에 용이한 형태를 지니고 있다. 그들의 언어는 고도로 발달한 외계의 기술과 메커니즘으로 만들어졌기 때문에 현 인류의 과학기술로는 해석이 불가능하다. 하지만 수많은 언어학자와 과학자들은 이를 이해하기 위해 많은 노력을 해왔다.

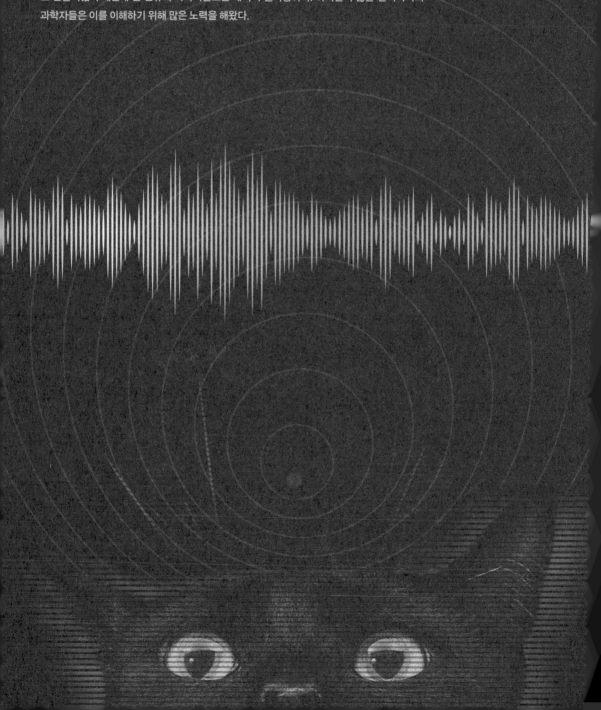

**주장1** – 영국 케임브릿지 대학의 동물학자인 아릭 커센바움(Arik Kershenbaum) 박사는 어느 날 외계인을 주제로 한 획기적인 칼럼을 발표한다. 그 안에는 70억 인류의 사고방식을 뒤엎어 놓을 비밀스러운 정보가 담겨 있었다. 그는 칼럼을 통해 만약 외계와 인류가 소통해야 할 상황이 온다면 무중력 상태인 우주에서 사람의 음성 언어처럼 다양한 소리를 내는 것은 비효율적이라고 주장하고 있다. 단순한 음이 유사하게 반복되는 언어가 더욱 유용하다는 것이다. 마치 고양이의 골골거림처럼 말이다.

**주장2** – 미지의 언어 골골거림은 어디에서 온 것인지, 어떻게 구성된 것인지 확인할 길이 없다. 흔히 횡격막과 후두 사이의 울림이 골골거리는 소리를 낸다고 이야기하지만 과학적으로 명확히 밝혀진 바는 없다. 인간의 관점에서 골골거림의 근원을 찾을 수 없는 것은 당연하다. 이 언어는 인간과의 소통이 아닌 외계인과 소통하는 시그널이기 때문이다. 지구의 고양잇과 동물들 – 사자, 호랑이, 치타 등 – 이 골골거림을 하지 못하는 이유도 이 때문이다.

**주장3** – 앞서 이야기한 것처럼 골골거림은 언어학적으로도 연구할 요지가 다분한 언어다. 현재도 관련해서 많은 실험과 연구를 진행 중이다. 그중 가장 놀라운 성과를 낸 실험을 소개하려 한다. 영국의 한 대학교에서 이루어진 이 실험에서는 참가자에게 식사를 한 고양이와 하지 않은 고양이, 두 고양이의 골골거림을 들려주었다. 그 후 어느 고양이의 울음소리가 더욱 애처로운지 질문하였는데, 참가자 전원이 식사를 하지 않은 고양이의 골골거림이 애처롭게 들린다는 답변을 하였다. 오랜 기간 동안 스파이와 함께 지낸 인류는 그간의 경험을 통해 그들의 언어를 일부분 이해할 수 있게 된 것이다.

"고양이는 스파이를 넘어 현 인류를 지배하고 있다고 보아도 무방하다. 그렇다면 인류를 장악한 고양이의 최종 목표는...?!"

# 외계인의 스파이를 넘어,
# 인류의 새로운 지배자가 되고 싶은 것일까?

고양이는 자연스럽게 인류의 일상에 스며들었다. 정체를 숨긴 외계인의 스파이는 어느샌가 우리의 가족이 되었으며, 염탐한 정보를 우주 너머로 보내는 골골거림은 사랑스러운 행동으로 여겨진다. 고양이는 단순한 스파이를 넘어 현 인류를 지배하고 있다고 보아도 무방하다. 그렇다면 인류를 장악한 고양이의 최종 목표는 과연 지구를 정복하는 것일까?

**반론1** – 고양이는 지구를 정복하기보다는 인류의 친구로 남아있을 확률이 크다. 우리와 많은 시간을 함께하며 깊은 속내를 들여다본 고양이들, 그들은 우리에게 무엇보다 귀중한 '몸과 마음의 건강'을 선사했다. 고양이의 골골거림은 세로토닌(Serotonin)<sub>신경 전달 물질로서 인간의 감정·수면 등</sub> <sub>의 조절에 도움을 주는 호르몬</sub>을 분비하는 효과가 있다. 골골거림을 듣는 것만으로도 세로토닌이 분비되어 스트레스 조절에 도움을 줄 수 있다. 또한 골골거림은 신체적인 회복에도 큰 도움을 준다. 20~140hz의 주파수를 가지고 있는 골골거림은 손상된 근육을 재생시키기 위해 사용하는 의료기기의 주파수와 비슷하다. 고양이를 끌어안고 있는 것만으로도 근육과 뼈가 이완되며 긴장이 해소된다고 할 수 있다.

**반론2** – 고양이의 신체능력은 인류의 생명을 구하기도 했다. 고양이는 시각이 상당히 발달한 동물이다. 지구의 환한 햇살 아래서도, 우주의 짙은 어둠 속에서도 사물을 뚜렷하게 구분해야 하기 때문에 뛰어난 시각 능력이 필수적이었을 것이다. 고양이는 타페텀(Tapetum)<sub>안구로 들어온</sub> <sub>빛을 반사시켜 밤에도 완벽하게 사물을 구별할 수 있음</sub>이라는 망막 반사판을 이용한다. 인간은 이러한 고양이의 빛 조절 능력에 영감을 받아 자동차 도로의 반사판을 발명했다. 어두운 밤, 밝게 빛나는 고양이의 눈처럼 도로 반사판은 어두운 밤 도로를 밝히며 인류의 안전을 지킨다.

고양이들은 알 수 없는 미스터리로, 아름다운 문화유산으로, 또 소중한 가족으로 유구한 역사 속에서 우리와 함께해 왔다. 외계인의 스파이인 고양이는 자신도 모르게 인간을 사랑하게 된 것일지도 모른다. 그들의 감정은 골골거림을 통해 전해진다. 이제 그 언어는 스파이의 신호가 아닌 애정의 증표가 되었다. 오늘도 지구 곳곳에서 고양이의 골골송이 울려 퍼진다. 그들의 골골거림을 들으며 눈을 감으면 고양이가 선사하는 우주가 눈앞에 펼쳐진다. 그 소리를 통해 우리는 안정과 평안을 즐긴다. 인간이 느낄 수 있는 가장 큰 행복은 외계 스파이의 노랫소리를 통해 경험할 수 있다. 만약 고양이의 골골거림이 지구를 정복한다면 겸허히 그들의 음성에 귀를 기울이고 그 침략자를 환영해야 하지 않을까.

# DEMAIN LES CHAT

## 어렵고 복잡하고 애매모호한

에디터 박재림

영화 〈스즈메의 문단속〉에는 말하는 고양이가 등장한다. 녀석은 사람의 언어를 사용할 줄 안다. 그래서 주인공에게 자기 의사를 분명하게 전달하는 것이 매우 쉽다. 스크린 바깥, 현실의 고양이 집사에게 묘한 박탈감이 드리운다. 나도 듣고 싶다, 내 고양이로부터, "상냥해" "좋아해"라는 말을. 하지만 불가능한 일이다. 영화, 특히나 애니메이션이기에 가능한 환상일 뿐이다. 누군가 그랬다지. 행복한 꿈을 꾸고서는 왜 울고 있느냐는 질문에 '그것은 이루어질 수 없는 것이기 때문'이라 대답했다고.

프랑스 작가 베르나르 베르베르의 소설 『고양이열린책들, 2018』 속 주인공, 아니 주묘(猫)공 '바스테트' 역시 그 영화를 봤다면 비슷한 박탈감을 느꼈을지 모른다. 그는 **언어의 장벽을 없애고 야옹 소리로 인간에게 직접 명령을 내리고 싶다**는 꿈을 가진 고양이이기 때문이다. 바스테트가 소통하고 싶은 대상은 인간 집사인 '나탈리' 뿐만이 아니다. 어항 속 금붕어, 생쥐, 참새, 거미, 개, 꽃과 나무를 향해서도 수시로 말을 건다. 종을 뛰어넘는 양방향 소통은 그의 일생일대 포부다.

그러나 종간소통은 늘 실패로 끝나고 만다. 친하게 지내자는 메시지에 생쥐는 사시나무처럼 떨다 도망쳐버린다. 이야기를 들으려 어항에서 꺼내 준 금붕어는 입만 벙긋대다 죽어버렸다. 참새도, 거미도, 개도, 식물도 그를 이해하지 못한다. 그나마 인간 집사가 아주 살짝 알아듣는 눈치. 바스테트는 **갸르릉 소리와 함께 집사를 편안하게 만들어 주는 생각을 내보내면 집사가 입꼬리를 올리면서 울음을 그친다**며 **지금으로서는 내 갸르릉 소리에 긍정적인 반응을 보이는 우리 인간 집사가 가장 수용적인 대화 상대인 셈**이라고 말한다. 또 자신의 목소리를 따라하는 나탈리를 보며 **인간에게 말을 할 수 없어도 인간이 야옹거리게 만들었으면 소통을 향한 나의 대장정에서 진전이라면 진전 아닌가** 하고 여긴다.

동족인 고양이끼리는 같은 언어를 쓰지만 그렇다고 무조건 '소통'이 되는 건 또 아니다. 일례로, 아무런 호기심 없이 먹는 것에만 관심이 있는 동거묘 '펠릭스'와는 도통 말이 통하지 않는다. 그와는 다르게 최근 옆집으로 이사를 온 연회색 샴고양이 '피타고라스'는 이야기를 나누고 싶은 상대다. 정수리에 연보라색 네모 플라스틱이 꽂혀 있는, 여러모로 비밀이 많은 고양이지만 서로 마음을 터놓고 대화를 하면서 많은 것을 알게 됐다.

피타고라스가 '제3의 눈'이라고 부르는 네모 플라스틱은 과학자인 그의 집사가 꽂은 USB이며 그것을 통해 사람의 언어로 된 정보를 수신 - 발신은 불가능 - 할 수 있다. 그 덕분에 많은 지식을 쌓아왔다. 그런 피타고라스를 통해 바스테트는 인간과 고양이 사이의 오랜 역사를 배운다. 그리고 요즘 이 세상이 시끄러운 것은, 인간들이 서로를 향해서 벌이는 '테러' 때문이며, 그 폭력들이 모여 '전쟁'이 발발할 수도 있다는 얘기를 듣는다.

소설 『고양이』의 가장 큰 특징은 고양이의 시선으로 내용이 전개된다는 점이다. 바스테트가 보고 해석하는 세상, 특히 인간들의 행동은 이해 불가능하고 우스꽝스러운 게 많다. 균형 감각을 유지하고 외부 파동을 감지하는 중요한 기관인 수염을 나탈리는 일부러 핀셋으로 뽑아버린다. 또 기껏 선물이라고 챙겨준, 맥박이 팔딱거리는 생쥐를 보고는 고마워하기는커녕 비명을 지르며 쓰레기통에 버린다.

그뿐 아니다. 인간은 몸에 물을 끼얹는 끔찍한 행위 - 샤워라고 부르던가 - 를 자처하는데, 심지어 그걸 웃으면서 한다. 바스테트 입장에서는 **변태인가** 생각하지 않을 수 없다. 또 있다. 담배를 태우는 나탈리를 보며 **도저히 이해를 못하겠어. 아니, 왜 자기 폐 속에 나쁜 공기를 집어넣는 거야?**라며 고개를 가로젓는다. 이 정도는 애교다. 끄트머리에서 불꽃이 튀는 막대기 - 총 - 로 동족을 죽이는 테러와 전쟁을 바라는 족속들 아닌가.

인간들은 항변할 것이다. 수염을 뽑는 행동에도, 샤워에도, 흡연에도, 심지어 테러와 전쟁에도 나름의 이유가 있다고. 그러면 다시 고양이의 추궁이 이어질 것이다. "당신네 인간들의 모든 행동에 이유가 있듯이, 고양이를 비롯한 다른 존재들의 행동에도 나름의 이유가 있다는 걸 이해하려고 노력한 적 있나요?" 인간 중심적 세계관에 익숙해진 대부분의 우리 인간은 더 이상 받아칠 수가 없다.

**지식냥 피타고라스는 저마다 종 고유의 감각에 기반을 둔 인식 체계를 갖고 있어. 고양이는 고양이의 관점으로 타자를 보는 거**라고 말한다. 이처럼 사람도 사람의 관점으로 다른 존재를 보는 것이 보편적일지 모른다. 그렇기 때문에 타자를 이해한다는 것은 어려운 일이다. 이를 반대로 상정하면, 타자를 이해하는 자는 타자의 관점으로 볼 줄 아는 자이다. 베르나르 베르베르가 고양이와 인간의 소통에 관한 책을 쓰면서 화자를 고양이로 삼은 이유가 무엇일까. 전세계 집사에게 고양이의 눈으로 보는 세상을 살짝 보여주려는 건 아닐까.

피타고라스의 불길한 예상처럼 전쟁은 기어코 발발하고야 말았다. 약탈과 살인이 이어지는 가운데 피타고라스의 집사와 펠릭스가 희생되었다. 실종된 바스테트의 집사와 새끼 '안젤로'를 찾아 나선 바스테트와 피타고라스는 전쟁 말고도 또 다른 재앙이 세상을 덮쳤음을 확인한다. 변형 페스트의 창궐. 끔찍한 전염병이 퍼질수록 사람은 줄어들고, 쥐는 늘어간다. 점차 몸이 커지고 힘도 세진 쥐들은 더 이상 피지배 계층이 아니다. 고양이, 개, 심지어는 사람에게도 공격을 퍼붓는다.

쥐가 지배자가 된 세상에서 고양이들이 힘을 합친다. 피타고라스가 리더가 되어 고양이 군대를 꾸린다. 바스테트의 '소통 능력'도 빛을 발했다. 같은 고양잇과(科) 동물인 사자 '한니발'을 설득해 고양이 군대에 합류해 만들었다. 한 마리의 사자와 100여 마리 고양이는 2천 마리가 넘는 쥐떼와의 첫 전투를 승리로 이끈다. 바스테트가 의기양양하게 외친다. **한니발은 힘, 피타고라스는 지식, 나는 소통. 우리 셋이 힘을 합치면 천하무적이지.**

바스테트의 소통법에서 가장 중요한 것은 '파동'이다. 눈물을 흘리는 집사의 몸에서 슬픔을, 사나운 개가 내뿜는 흥분을, 겁에 질린 생쥐의 공포 등을 파동의 형태로 감지한다. 예민한 수염을 가진 고양이만큼은 아니겠으나 인간 역시 파동으로 상대의 감정 혹은 상태를 읽곤 한다. 그런 능력이 뛰어난 이에게 '분위기 파악을 잘 한다'라거나 '눈치가 빠르다'라고 말한다. 유독 강한 파동을 내뿜는 이를 '기가 세다'고 표현하기도 한다. 파동으로 상대의 정보를 수신한 바스테트는 발신 때도 파동을 사용한다. 그의 표현으로는 '갸르릉 저주파', 한국 집사에게 익숙한 표현으로는 '골골송'이다. 그 파동에 텔레파시 메시지를 얹는다. 생쥐 금붕어 참새 개 꽃 나무 거미는 알아듣지 못했지만, 같은 고양잇과인 사자는 제대로 이해한, 그리고 집사인 나탈리가 이따금씩 알아듣는 소통 방법이다. **내가 무릎에 올라앉아 갸르릉거리자 그녀의 입가에 금세 웃음기가 번진다. 고양이한테는 이렇게 나쁜 파동을 빨아들여 좋은 파동으로 바꿔 내보내는 능력이 있다고!**

쥐떼와의 첫 전투를 이겼지만 상대는 빠른 번식으로 금세 다시 힘을 키운다. 생존을 위해선 인간과의 연대는 필수. 피타고라스는 **우리한테 인간이 필요한 만큼 인간한테도 우리가 필요해. 단련해서 공동의 적과 싸우지 않으면 인간도 우리도 미래가 없다**고 말한다. 마침 실종되었던 바스테트의 집사 나탈리와 함께 피신 중이던 어린 아이들을 만나 큰 도움을 받는다. 그렇게 고양이, 사자, 인간이 뭉친 연합군은 쥐떼와의 대전투에서 또 한 번 승리를 거둔다.

적군의 사체가 강물에 떠내려가 흔적도 없이 사라지는 모습을 바라보며 바스테트는 생각한다. 흐르는 시간은 저 강물처럼 모든 것을 쓸어갈 것이라고, 그 흐름에 저항하기 위해서는 인간처럼 기록하고 교육해야 한다고. 소설은 바스테트로부터 이 모든 이야기를 들은 누군가가 책을 집필했으며 그것을 당신이 읽고 있다는 뉘앙스로 마무리된다.

『고양이』에서 바스테트가 꿈꾼 다른 종과의 직접적인 양방향 소통은 끝내 이뤄지지 않는다. 언어장애인인 '파트리샤'와 꿈 속에서 영혼 대 영혼의 관계로 같은 언어를 주고받을 뿐, 현실에서는 갸르릉 주파수를 통한 극히 제한되며 우연에 가까운 소통이 전부다. 그런데 그렇기 때문에 〈스즈메의 문단속〉 속 고양이와 인간의 유려하고 확실하고 간편한 소통보다 오히려 더 공감이 간다. 우리의 마음 교환은 어렵고 복잡하고 애매모호해서 더 애틋하고 소중한 것일지 모른다.

실제로 바스테트는 '웃음'이라는 언어(개념)는 알지 못했지만, 집사인 나탈리와 오랜 시간을 지내며 그것이 인간이 기분 좋을 때 얼굴이 실그러지는 현상이라는 건 이미 알고 있었다. 그리고 그 현상이 다시금 집사에게 일어나길 바라며 갸르릉 갸르릉 사랑의 파동을 전했다. 가끔이긴 하지만 나탈리는 기특하게도 그 메시지를 제대로 알아듣고 턱을 쓰다듬어주었다. 그런 집사를 보며 바스테트는 생각한다. **그녀처럼 자연스럽게 친밀감이 느껴지는 존재들은 우리의 한계를 뛰어넘고 싶게 만든다**라고.

저자 베르나르 베르베르 역시 고양이 셋을 반려한 경험이 있다고 한다. 『고양이』를 쓰는 중에도 반려묘 '도미노'가 곁에 있었다. 그래서인지 책 속에 고양이의 몸짓 언어가 상당히 잘 묘사되어 있다. 이를테면, 자신의 새끼를 위협하는 인간을 향한 몸짓-**동공을 축소하고 시선을 놈에게 고정한다. 수염은 전방을 향하게 뻗고 입술은 말아 올리고 어깨 털은 최대한 부풀려 세운다. 꼬리를 내려 공기 저항을 최소화하고 엉덩이는 살짝 치켜들어 언제든 달려들 수 있게 공격 자세를 유지한다**-이나, 고양이끼리 사랑을 느낄 때 몸짓-**우리는 얼굴을 내밀어 코끝을 비비면서 인사를 나눈다. 수염이 엉키고 그의 촉촉한 코가 와닿는 순간, 황홀하다. 그가 내 목에 대고 머리 박치기를 한다**- 등이 그렇다.

작가는 똑똑한 피타고라스를 통해서 고양이의 긴 역사를 설명하고, 자존감 강한 바스테트를 통해 고양이의 우수성을 설파하는데 페이지를 넉넉하게 할애했다. 이게 소설인지, 고양이대백과사전인지 헷갈리는 지점이 곳곳에 식빵 자세의 고양이처럼 존재한다. 결말부에 바스테트의 이야기를 들어서 책으로 만든 건, 아무래도 베르나르 베르베르 자신인 듯 하다. 제 아무리 세계적인 작가여도 고양이 집사의 받들기 본능(?)은 어쩔 수 없구나, 싶은 묘한 동질감이 반갑다.

**\*진한 이탤릭채는 베르나르 베르베르 저 『고양이 Demain Les Chat내일은 고양이』에서 인용**

# A BELL THAT RINGS "MEOW"

## '야옹' 하고 울리는 방울

너를 만나기 전 내 생활은 멈춰 있는 흑백 영화 같았어. 매일 평범한 하루가 반복되는 무료했던 삶으로 네가 들어왔지. 그게 벌써 7년 전이네. 선선한 바람이 불던 여름날이었어. 퇴근하고 집으로 돌아오신 아버지 손에는 작은 상자가 들려 있었고, 그 안에 작디 작은 고양이 한 마리가 몸을 웅크리고 있었어.

글·사진 남경균 @ba___ng_wool | 에디터 백수빈

아버지는 거래처에서 며칠이나 울고 있던 너를 외면할 수 없어서 데려 오셨대. 갑작스럽게 너를 만나서 정말 기뻤지만, 고양이와 함께 사는 건 처음이라 많은 것이 부족했어. 네가 느끼기에도 내가 많이 서툴렀을 거야. 네가 온 지 얼마 지나지 않아 화장실 모래를 채우는데 먼지가 너무 많이 났던 거 기억나? 나조차도 콜록거리게 되더라. 화장실을 다녀 올때마다 네 눈에 눈곱이 많이 꼈지. 불현듯 모래 때문에 눈병에 걸린 거 같다는 생각이 들어서 늦은 밤 너를 안고 동물 병원으로 땀 흘리며 달려갔어. 아무 이상이 없다는 수의사 선생님 말씀을 듣고 안도하며 집에 돌아왔잖아. 지금 생각하니 초보 집사 티가 너무 많이 나 부끄럽네. 부족한 나와 살면서도 너는 아픈 곳 하나 없이 건강하게 자라 줬어.

그러던 어느 날 너에게 갑작스럽게 원인 모를 혈전이 생겼어. 이번에도 헐레벌떡 병원으로 뛰어갔지. 늘 그래 왔던 것처럼 아무 일도 아니길 빌었는데, 이번엔 기도가 통하지 않았어. 병원에서는 "살 수

있는 날이 3일밖에 남지 않았다"며 안락사도 고려하라고 차분하게 말하시더라. 그 말을 듣고 정신을 차릴 수가 없었어. 아무 것도 안 들리고 심장 박동 뛰는 소리만 들렸어. 너는 아무것도 모른다는 눈으로 날 쳐다보고 있었지. '너 없이 내가 어떻게 살 수 있을까?' 하는 막연한 두려움이 밀려왔어. 만약 고양이 별로 돌아갈 시간이 된다면 이별은 집에서 맞이하고 싶었어. 그게 우리에게 가장 좋은 방법일 거라고 생각했거든. 아픈 너의 몸을 계속 쓰다듬으며 기도했어. 창피하게 눈물도 보였지.

매일 너의 "야옹" 소리로 아침을 맞이하곤 했는데 집 안이 너무 조용한 거야. 그게 너무 슬프더라. 너는 눈을 뜨고 있는 시간보다 감고 있는 시간이 더 많았지. 고통을 이겨내느라 정신이 없어 보였어. 가족들은 아파하는 널 바라보면서 마음으로 응원할 수밖에 없었어. 시간이 지나고 우리의 마음을 알았는지 앞발로 기어나가면서 걸으려고 노력하더라. 물론 힘없는 뒷다리는 바닥에 끌렸지만 말이야. 한 발짝씩 걷는 모습에 모두 깜짝 놀라 한참 지켜본 거 같아. 솔직히 그때 눈물이 왈칵 날 거 같은 기분이었어. 희망이 보이기 시작했거든. '이젠 괜찮은 건가?' '이젠 아프지 않은 건가?' 하는 모든 생각이 교차했어. 지금은 아팠던 고양이가 맞나 싶을 정도로 멀쩡하게 돌아다니는 걸 보면 참 다행이야.

3일밖에 살지 못할 줄 알았던 너는 지금 글을 쓰고 있는 내 옆에서 찬란히 숨쉬고 있어. 이제는 너가 많이 아프기 전에 알아차리기 위해 행동 하나하나를 유심히 들여다보게 돼. 울음소리만 들어도 배가 고픈 건지 사냥 놀이를 해달라는 건지 구분할 수 있게 됐어. 그러니 방울아, 이젠 아프지 말고 고양이 별에 가는 그 순간까지 즐거운 시간을 보내자. 좋으면 "야옹"이라고 말해 줄래?

사지 말고 입양하세요

# Hello, I'm Momo
# I'm Looking For
# My Family

모모 우 / 2023년 1월생 추정 / 2kg / 코리안쇼트헤어

"양쪽 눈에 짙은 아이라인이 있는 모모예요. 우리 언니가 그랬는데요 저는 계속 보면 더 예뻐대요. 저를 사랑으로 바라봐 줄 가족을 찾고 있어요."

모모를 처음 만난 건 봄이라기엔 제법 추운 4월이었어요. 친한 언니가 교회 근처 택시 정거장에 아기 고양이가 있다는 사실을 말해줬어요. 집에 고양이 한 마리를 모시고 살고 있기 때문에 추운 날 길에서 살고 있는 아기 고양이가 마음에 걸렸어요. '혹시라도 차에 치이지 않을까?' '추워서 체온 유지가 안 되면 어떡하지?' 하는 걱정이 하나 둘 생기기 시작했죠. 결국 언니에게 사진을 보여 달라 했어요. 비대면으로 먼저 접한 고양이는 양쪽 눈에 짙은 아이라인을 가지고 있었어요. 얼핏 보면 도도하고 시크해 보였죠. 처음에는 '묘(妙)하게 이쁘게 생긴 묘(猫)'라는 뜻의 '묘묘'라고 부르다가, 발음하기 편한 '모모'가 되었어요. 교회 가던 중 언니가 아기 고양이를 보러 가자 했죠. TV에서 자주 보는 연예인한테 친밀감이 생기는 것처럼, 저도 모르게 애틋한 마음이 생겼는지 '모모야'라고 불렀어요. 자기를 부르는지 어떻게 알았는지 "야옹" 하며 다가와 다리에 자신의 머리를 비비기 시작했죠. 참 영특

한 고양이예요.

좁은 골목길에서 생활하는 모모를 택시 정거장 직원분들이 출퇴근 시간 동안 보살펴 주셨어요. 그때 따뜻한 사람들을 많이 만나 사람들을 좋아하는 거 같아요. 실물을 영접한 이후 저는 모모를 보러 자주 그 골목을 오갔어요. 어찌나 애교가 많은지 배를 보여주며 인사해 줬죠. 길에서 살기엔 사람 손길을 많이 받아 더 이상 길 생활이 불가능 할 거 같다는 생각이 들더라고요. 낮에는 사람들이 오가며 보살펴 주지만, 밤이 되면 혼자 길에서 지내는 모습이 안타까워 집으로 데려오게 되었어요.

저희 집에는 1살 된 수컷 고양이 '치즈'가 있어요. 처음에 모모를 데려왔을 때 치즈는 충격을 받은 듯한 표정을 지었어요. 제 몸에서 다른 고양이의 체취가 느껴졌는지 피하고 숨더라고요. 어려울 거 같던 합사는 다행히 4일 만에 성공했어요. 지금은 둘도 없는 오빠 동생으로 잘 지내고 있답니다. 모모가 순하고 착해서 다른 고양이랑도 잘 지내요. 처음 합사하는 데 시간이 걸릴 순 있지만, 시간을 넉넉하게 잡고 기다려 주신다면 사랑스러운 막내가 될 거예요.

모모는 눈인사도 잘 해줘요. 맑은 눈에 빠질 수 있으니 조심해야해요. 교감을 중요하게 생각하는 모모는 한 번씩 앞에 앉아서 빤히 제 눈을 바라봐요. '나는 널 사랑해' 하고 말하는 거 같아요. 사랑을 주고받을 줄 아는 멋진 고양이거든요. 모모가 좋아하는 건 단순해요. 많은 애정을 갖고 시간을 내서 놀아주는 거예요. 공놀이를 제일 좋아해요. 병뚜껑처럼 작은 것을 앞발로 움직이며 놀기도 하고 흩날리는 깃털 장난감에도 흥미를 갖고 있죠. 애교는 항시 준비되어 있답니다. 한 번씩 말썽을 피울 때는 "안돼!"라고 단호하게 말하면, 가만히 앉아 있어요. 마치 반성하고 있는 것처럼 말이죠. 그 누구보다 착한 사랑둥이입니다.

사랑으로 키워줄 수 있는 좋은 가족이 나타날 때까지 저희 집에서 사랑을 많이 받고 즐겁게 살도록 도와줄 거예요. 다만, 모모는 강아지를 무서워해요. 강아지가 있는 집에는 적응하기 힘들 거 같아요. 외동 고양이, 막내 고양이로 갔으면 좋겠어요. 모모를 평생 이쁘게 키워줄 좋은 가족이 나타나길 바라요.

글·사진 김미소 @yumyum_cheeze | 에디터 백수빈

사지 말고 입양하세요

# Hello, I'm Fondue
# I'm Looking For
# My Family

**풍듀♂ / 2022년 7~8월생 추정 / 5.1Kg / 코리안쇼트헤어**

"저는 사람을 좋아하는 무릎 냥이에요. 애교 많고 체력도 엄청나죠. 이 정도면 사기캐라고 불릴 만하죠? 저와 재밌게 사냥놀이를 해줄 집사님을 구해요"

2022년 12월 추운 겨울이었어요. '부천동물보호시민연대'에서 재개발 구역 고양이 개체 수 파악을 위해 순찰을 하던 중 어느 빈집에서 나는 작은 울음소리를 들으셨다고 해요. 시민연대 분께서 미세하고 약한 소리에 "야옹" 하며 대답하니 울음이 점점 크고 애처롭게 바뀌었다고 합니다. 재개발 직원분들의 도움으로 폐허가 된 집으로 들어갈 수 있었대요. 쓰레기로 뒤덮인 그곳에서 가냘픈 목소리에 의지해 풍듀를 찾아 헤맸다고 해요. 풍듀가 발견된 곳은 이중 창문 안이었어요. 전 보호자가 도망갈 수 없게 창문에 가두고 잠금장치까지 걸어 뒀나 봐요. 본래 세입자는 이사 간 지 일주일이 넘은 상황이었다고 해요. 겨우 6개월로 추정되는 아기 고양이 풍듀는 한겨울 추위에 떨어야 했죠. 시민연대에선 풍듀가 아무것도 먹지 못한 채 7일 이상을 버틴 것으로 추정하고 있어요. 여기까지가 저희 집에 오기 전 풍듀의 스토리예요.
저는 이전에도 임시보호 경험이 몇 번 있었어요. 우리 집에 오는 친구들 대부분은 먹지 못해 마른 상태로 와요. 풍듀는 그중에서도 유독 말랐었어요. 갈비뼈가 다 만져질 정도였거든요. 그러나 말라도 근육으로 똘똘 뭉쳐 있는 모태 근수저 고양이였죠. 잘 먹이고 재우다 보니 건강하고 씩씩한 고양이가 되었어요. 어떤 장난감에도 반응하는 날렵함, 단 한 번도 져본 적 없는 고양이 레슬링 실력, 코가 새빨개져도 2분이면 회복하는 엄청난 체력까지. 저희 집에서는 풍듀를 보면 이렇게 말하곤 해요. "얘는 사람이었다면 운동선수가 되었을 거야." 그만큼 활동량이 많은 아이랍니다. 풍듀와 친해지는 법은 쉬워요. 바로 '사냥놀이'를 해주면 되거든요. 처음 본 사람이라도 한 번 사냥놀이를 해주면 엄청난 친화력을 발휘하죠. 헤드번팅도 자주 하고 만져달라는 요구도

사지 말고 입양하세요

많이 해요. 제가 일어날 즈음 먼저 다가와 기다리다 머리를 비비며 아침을 시작해요. 풍듀는 어서 자기를 만져 달라고 작게 울죠. 기본적으로 사람을 좋아해 무릎에 올라가는 걸 즐겨한답니다. 심지어 변기에 앉아있을 때도 올라오려고 하는 못 말리는 개냥이에요(웃음). 그러나 안아 올리는 것은 싫어해요. 그것만 알고 계시면 풍듀와 함께 하는 데 문제없으실 거예요. 딱딱한 건사료는 가리는 편이지만, 간식과 습식류는 가리는 것 없이 잘 먹어요. 그러나, 이전 보호자가 사람 음식을 줬는지 염지된 육류에 관심이 있어요. 풍듀가 비닐을 잘 뜯으니까 이 부분은 주의해주시면 됩니다.
저희의 눈엔 풍듀가 애교 많은 고양이예요. 그러나 새로운 환경에서는 또 다른 모습일 수도 있다는 것을 인지하고 그런 풍듀의 모습마저 받아들이실 준비가 된 분을 기다리고 있습니다. 개인적으로 활동량이 많은 다묘 가정이나 초보 집사네 외동묘로 추천 드립니다. 격정의 6~8개월의 우다다 시기는 저희가 이미 다 겪었으니 걱정하지 않으셔도 될 거 같아요. 마지막으로 풍듀를 비롯한 모든 구조자와 임시보호자들, 그리고 길 위의 생명들의 온건한 평화를 바랍니다.

글·사진 서보경 @fluffy_soft_fur | 에디터 백수빈

**발행처**
Inc.펫앤스토리

**Publisher**
옥세일  Seil Ok

**Contents Director**
김은진  Eunjin Kim

**Chief Editor**
조문주  Munju Jo

**Editor**
박재림  Jaelim Park
박조은  Joeun Park
최진영  Jinyoung Choi
백수빈  Subin Baek

**Photographer**
안진환  Jinwhan Ahn

**Art Direction & Design**
김은진  Eunjin Kim

**Senior Designer**
최형윤  Hyeongyun Choi

**Designer**
김혜진  Hyejin Kim

**Sales & Distribution**
정선국  Sunkook Jung

**Management Support**
정선국  Sunkook Jung
오지원  Jiwon Oh
안시윤  Siyun An

**Illustrator**
김초록  Chorok Kim
김혜진  Hyejin Kim
나온  Naon

**Pubilshing**
Inc.펫앤스토리
도서등록번호 제 2020-00135호
출판등록일 2005년 3월 17일
ISSN 2799-5399
창간 2010년 9월 14일
발행일 2023년 5월 31일

**Inc.펫앤스토리**
경기도 용인시 수지구 신수로 767
분당수지유타워 A동 2102호
767, Sinsu-ro, Suji-gu, Yongin-si,
Gyeonggi-do, Republic Of Korea

**광고문의**
mellowmate@petnstory.com
070 8671 3423

**구독문의**
mellowmate@petnstory.com
070 8671 3423

**Instagram**
magazine_mellow

**Web**
mellowmate.co.kr